„Bleib' dran, bleib' dran!"
Leaving Care unter der Lupe

Lisa Große, Nadine Schildt, Joachim Klein und Silke Birgitta Gahleitner

ZKS Medien

Impressum

CIP-Titelaufnahme der Deutschen Bibliothek:

Lisa Große / Nadine Schildt / Joachim Klein / Silke Birgitta Gahleitner
„Bleib‘ dran, bleib‘ dran!“ – Leaving Care unter der Lupe

ISBN 978-3-947502-67-7

Technische Redaktion: Meike Kappenstein
Cover-Design: Hanna Hoos
Layout: Hanna Hoos

Herausgeber der „Schriften zur psychosozialen Gesundheit“:
Prof. Dr. Helmut Pauls
Prof. Dr. Frank Como-Zipfel
Dr. Gernot Hahn

ZKS Medien
Albrecht-Dürer-Str. 166
97204 Höchberg

info@zks-verlag.de

Zur Einführung

Leaving Care – Was bedeutet der Begriff überhaupt? Übersetzt bedeutet Leaving Care „Betreuung verlassen", was zunächst nichts Negatives impliziert. Betreuung verlassen beinhaltet vielleicht sogar auch, dass keine Betreuung mehr benötigt wird aufgrund von erlernter Selbständigkeit. In der Fachwelt werden junge Menschen, die einen Teil ihres Lebens nicht in ihrer Herkunftsfamilie aufgewachsen sind, als Care Leaver:innen bezeichnet. Auch dies ist zunächst nicht weiter negativ zu betrachten. Allerdings wissen wir aus vielen Studien und aus der Praxisforschung, dass die jungen Menschen, die in den Hilfen zur Erziehung aufgewachsen sind, meist viel früher (ungewollt) ein eigenständiges Leben führen (müssen). Als Definition beziehen wir uns auf Thomas (2015, S. 20):

„Care Leaver sind junge Menschen (Jugendliche oder junge Erwachsene), die sich in stationärer Erziehungshilfe (Wohngruppen, Erziehungsstellen, Pflegefamilien oder anderen Betreuungssettings) befinden, und deren Übergang in ein eigenständiges Leben unmittelbar bevorsteht bzw. bereits erfolgt ist."

In den letzten Jahren wird der Thematik und damit der einhergehenden Problemstellung der Care Leaver:innen, nicht zuletzt durch die SGB VIII-Novellierung im Jahr 2019, zunehmend Beachtung geschenkt. Junge Volljährige in den Hilfen zur Erziehung rücken in den Fokus der Fachdiskussion. Netzwerke für junge Volljährige werden gegründet und die Ehemaligenarbeit gewinnt an Bedeutung. Auch die Frage nach der langfristigen Wirksamkeit der stationären Jugendhilfe spielt in diesem Zusammenhang eine Rolle. Dabei wird u. a. die Frage diskutiert, was unter Qualität in der Erziehungshilfe verstanden wird (Kress, 2012, S. 4) und was eine gute Übergangsgestaltung ausmacht. In den letzten Jahren befassten sich mehrere Forschungsprojekte (Klein & Macsenaere, 2020; Thomas, 2015) mit dieser Fragestellung.

Bereits der 14. Kinder- und Jugendhilfebericht setzt sich mit dem Thema der Lebenslagen der jungen Erwachsenen und der daraus entstehenden „öffentlichen Verantwortung für die Bewältigung der Lebenslagen" (Wiesner, 2014, S. 5) auseinander (ebd.). Die in der Übergangsforschung entwickelte These lautet, dass es sich beim Übergang vom Jugend- ins Erwachsenenalter weder um eine verlängerte Jugendphase noch um die Veränderung des Erwachsenenalters handelt. Vielmehr ist dieser Übergang als eigene Lebensphase zu betrachten (Wiesner, 2014). Die Übergänge in das Erwachsenenalter haben sich in den letzten Jahren durch die Verlängerung von Ausbildungs- bzw. Bildungswegen sowie durch die Entkoppelung von Bildung und Beschäftigung zudem individualisiert (BMFSFJ, 2014). Die Sachverständigen stellten sich auf diese Veränderung hin die Frage, ob die Verantwortung der Kinder- und Jugendhilfe auf Grundlage des SGB VIII im Hinblick auf die Risiken und Bedürfnisse der jungen Erwachsenen in diesem Übergang in ein selbständiges Leben gegeben ist. Es steht die Frage im Raum, ob die Kinder- und Jugendhilfe sich zu früh aus dieser Verantwortung zieht und somit einfach anderen Leistungssystemen die Verantwortung für die jungen Erwachsenen überlässt (ebd.).

Die meisten Care Leaver:innen kehren nach der Erziehungshilfe nicht in ihre Herkunftsfamilie zurück: Sie beginnen ein eigenverantwortliches Leben. Der sehr frühe Übergang aus den stationären Hilfen, meistens mit wenig sozialem Rückhalt und wenig materiellen Ressourcen, stellt eine große biografische Herausforderung für die jungen Menschen dar. Care Leaver:innen werden deutlich schneller eigenständig, die Option einer Rückkehr in die Herkunftsfamilie oder in ein betreutes Setting ist häufig nicht möglich. Der Umzug in die erste eigene Wohnung hat meist essenzielle Auswirkungen, Care Leaver:innen sind z. B. häufiger von Wohnungslosigkeit betroffen. Untersuchungen der letzten dreißig Jahre haben gezeigt, dass Care Leaver:innen besonders vulnerabel im Hinblick auf Faktoren wie persönliche Entwicklung, soziale Unterstützung und materielle Ausstattung sind. Auch schlechtere Bildungschancen sowie der Übergang in eine Ausbildung oder in einen Beruf (im Gegensatz zu den Peers, die in ihren Herkunftsfamilien aufwachsen) zeichnen die Fragilität der Care Leaver:innen aus (Thomas, 2015). Internationale Studien belegen, dass Care Leaver:innen zu dem Personenkreis zählen, der am meisten von sozialer Ausgrenzung bedroht ist (Mendes, Johnson, & Moslehuddin, 2011). „Diese Ausgangslage macht es für junge Erwachsene aus der stationären Erziehungshilfe deutlich schwieriger, eigenständig zu sein" (Thomas, 2015, S. 20).

Im Vergleich zu ihren Peers wird von den jungen Erwachsenen aus der stationären

Hilfe eine deutlich frühere Selbständigkeit erwartet. Die meisten Care Leaver:innen können nach ihrem Auszug weder auf ein gesichertes soziales oder familiäres Netzwerk zurückgreifen noch auf materielle und immaterielle Unterstützung hoffen. Die altersgleiche Bevölkerung lebt meist noch bis Mitte zwanzig im elterlichen Haushalt, da beispielsweise die Ausbildung noch nicht abgeschlossen ist. Diese verlängerte Jugendphase der sogenannten „Normalbevölkerung" zeigt, dass der angesteuerte Zeitpunkt des Hilfeendes für junge Erwachsene in den Erziehungshilfen demgegenüber nicht angemessen ist. Das durchschnittliche Alter bei Abschluss eines Ausbildungsvertrages liegt im Jahr 2010 bei 20,0 Jahren. Die Beendigung der meisten Hilfen ist deutlich früher (Nüsken, 2015).

Was also können die Hilfen zur Erziehung hier bewirken? Und was müssen vor allem die Fachkräfte leisten, damit ein Übergang in das selbständige Leben gelingt? Auch die Frage nach dem richtigen Zeitpunkt für den Auszug ist hierbei relevant. In anderen Ländern ist das Thema schon länger im Fokus: So ist es in Norwegen völlig „normal", dass die jungen Erwachsenen bis zum 25. Lebensjahr von der Jugendhilfe begleitet werden. Hier müssen die jungen Menschen zeigen, dass sie „alleine leben" können. Auch wenn die Fallzahlen der Hilfen zur Erziehung in den letzten Jahren gestiegen sind, ist die Weiterbewilligung der Hilfe stark abhängig vom gewährenden Jugendamt, man spricht hier von regionalen Disparitäten (Nüsken, 2008).

Durch die Neuerungen im SGB VIII durch das Kinder- und Jugendstärkungsgesetz wird versucht, dieser Problematik entgegenzuwirken und im Rahmen der Bewilligung der Hilfe über das 18. Lebensjahr hinaus von einem „soll" zu einem „muss" überzugehen. Nicht selten wird und wurde in der Vergangenheit eine Hilfe abgelehnt, weil der junge Mensch das 18. Lebensjahr erreicht hat (ebd.). In der wissenschaftlichen Begleitung der SGB VIII-Reform (Feist-Ortmanns & Macsenaere, 2020) äußerte sich ein Care Leaver hierzu wie folgt:

„Am Ende haben wir sozusagen die Hilfe verlängern können, aber sozusagen dieser Kampf alle Vierteljahre und dann gerade in so einer Situation, wo man dann das Abi fertig hat, sich das Studium aussuchen muss, das war schon so eine Zeitspanne von zwei, drei Monaten, wo ich wirklich nicht wusste, was passiert. ... Ich glaube, da ist

Verbesserungsbedarf, dass man den Jugendlichen die Sicherheit gibt, dass das kein Problem wird."

Nur 21 % der befragten jungen Menschen gaben an, dass sie sich nach Hilfeende gut auf ein eigenständiges Leben vorbereitet fühlen. Die psychische Belastungssituation in der Adaptionsphase nehmen die jungen Menschen als besonders belastend wahr (ebd.).

Vor diesem Hintergrund haben der Bundesverband katholischer Einrichtungen und Dienste der Erziehungshilfe (BVkE) und das Institut für Kinder- und Jugendhilfe (IKJ) das Kooperationsprojekt „Care Leaver – stationäre Jugendhilfe und ihre Nachhaltigkeit" durchgeführt. Zentrale Projektergebnisse insbesondere aus dem quantitativen Teil der Untersuchung wurden bereits in der gleichnamigen Buchpublikation dargestellt.[1] In der vorliegenden Veröffentlichung liegt der Schwerpunkt der Ergebnisdarstellung auf den innerhalb des Projekts per Interview dokumentierten Einzelfallverläufen, die hochinteressante und sehr einprägsame Einblicke in persönliche Lebensverläufe von Care Leaver:innen sowohl für die Zeit des Übergangs als auch für die Zeit nach Beendigung ihrer stationären Hilfe zur Erziehung liefern. Die Lebensverläufe machen deutlich, welch' beeindruckende Überlebenskräfte und Ressourcen junge Menschen an den Tag legen, um schwierige Lebenslagen zu meistern, aber auch, wie bedeutsam sich psychosoziale Unterstützung für sie im richtigen Moment aus dem (Jugendhilfe-)Umfeld gestalten kann.

Dresden, Mainz und Berlin – Lisa Große, Nadine Schildt, Joachim Klein und Silke Birgitta Gahleitner

[1] Klein, J., Macsenaere, M., & Hiller, S. (2021). Care Leaver – stationäre Jugendhilfe und ihre Nachhaltigkeit. Freiburg: Lambertus.

1 Theoretischer Hintergrund

1.1 Hilfen zur Erziehung – Rechtsgrundlagen

> *„Jeder junge Mensch hat ein Recht auf Förderung seiner Entwicklung und auf Erziehung zu einer eigenverantwortlichen und gemeinschaftsfähigen Persönlichkeit."* § 1 SGB VIII
> (BMFSFJ, 2014)

Die gesetzlichen Grundlagen der stationären Erziehungshilfen sind im Sozialgesetzbuch Acht (SGB VIII) – Kinder- und Jugendhilfe – in der Fassung vom 05.10.2021 geregelt. Die Aufgabe der Jugendhilfe besteht in der Förderung, Entwicklung und in der Erziehung zu einer eigenverantwortlichen und gemeinschaftsfähigen Persönlichkeit (Springer Gabler, 2017). Das natürliche Recht der Eltern ist die Pflege und Erziehung der Kinder, die Jugendhilfe soll zur Verwirklichung „des Rechts auf Förderung der Entwicklung und Erziehung beitragen" (Springer Gabler, 2017, S. 2). Leistungen der Jugendhilfe können ambulant, teilstationär oder stationär sein. Im SGB VIII, vierter Abschnitt, erster Unterabschnitt ist die Hilfe zur Erziehung benannt. Im Nachfolgenden werden die Rechtsgrundlagen sowie aktuelle Zahlen aus der Kinder- und Jugendhilfestatistik angeführt.

Mehr als 40.000 junge Menschen leben in einer stationären Einrichtung der Erziehungshilfe, davon haben knapp 7.000 junge Menschen das 18. Lebensjahr vollendet (Statistisches Bundesamt, 2017). Zwischen dem 18. Lebensjahr und dem 19. Lebensjahr sinkt die Quote der Inanspruchnahme rapide (ebd.; Klein, Macsenaere & Hiller, 2021). Dadurch wird erkennbar, dass die Hilfen für diese Altersgruppe deutlich weniger häufig realisiert werden als in anderen Altersgruppen. Auch wenn im Vergleich zu den anderen Altersgruppen die wenigsten Hilfen auf junge Volljährige entfallen, heißt das aber nicht, dass die Kinder- und Jugendhilfe ihrem Auftrag mit dieser Altersgruppe grundsätzlich nicht nachkommt (Nüsken, 2015).

Die Abbildung 1 zeigt die gewährten Hilfen im Jahr 2008 und im Jahr 2015 für junge

Volljährige. Wie man der Abbildung entnehmen kann, ist die Gewährung von Hilfen zur Erziehung im Gesamten stark angestiegen (um 27,7 Punkte). Der Anstieg der ambulanten Hilfen (plus 17,5 Punkte) ist dabei noch höher als der Anstieg der stationären Hilfen (plus 10,2 Punkte) (Mühlmann & Fendrich, 2017).

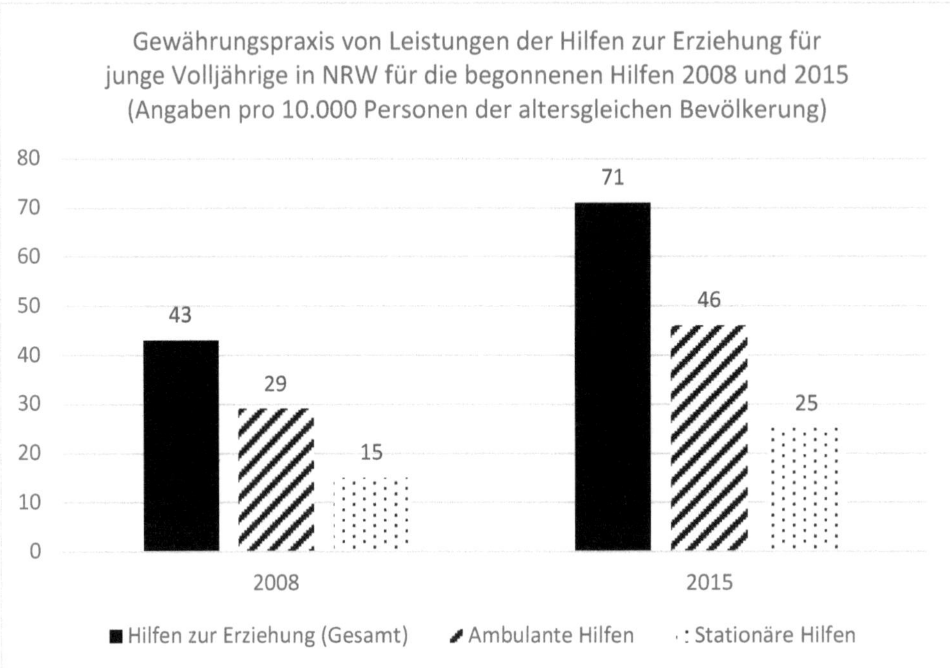

Abbildung 1: Gewährungspraxis von Leistungen für junge Volljährige 2008 und 2015 (Quelle: Arbeitsstelle Kinder- und Jugendhilfestatistik, 2017; Datenbasis 2015; eigene Darstellung)

Der im Vergleich zu den anderen Altersklassen erhebliche Abfall bewilligter Hilfen nach Vollendung des 18. Lebensjahres ist allerdings ein deutliches Indiz für die bestehende Problematik in der Gewährungspraxis von Hilfen für junge Volljährige in Deutschland (Sievers, Thomas, & Zeller, 2014; Klein, Macsenaere, & Hiller, 2021).

1.1.1 Hilfen für junge Volljährige (§ 41 SGB VIII)

Der § 41 SGB VIII wurde in den letzten Jahrzehnten mehrfach verändert bzw. angepasst. So wurde im Jahr 1974 die Herabsetzung des Volljährigkeitsalters der Hilfe für junge Volljährige vom Gesetzgeber beschlossen. Noch während des

Jugendwohlfahrtsgesetzes wurde die geplante Entscheidung, die Volljährigkeit vom 21. auf das 18. Lebensjahr vorzuverlegen, rechtspolitisch beschlossen. Damit war zwangsläufig die frühere Beendigung der Erziehungshilfe verbunden. War eine schulische und berufliche Ausbildung noch nicht abgeschlossen, so konnte eine Fortsetzung der Hilfe zur Erziehung beantragt werden (§ 6 Abs. 3, § 75 a JWG zit. in Wiesner, 2014).

Im Jahr 1990 war die Verbesserung der Hilfen für junge Volljährige erneut Schwerpunkt der Jugendhilferechtsreform. Das Jugendwohlfahrtsgesetz (§ 6 Abs. 3, § 75 a RJWG) wurde am 1. Januar 1991 durch das Kinder- und Jugendhilfegesetz im SGB VIII abgelöst. Folgende gesetzliche Änderungen für junge Volljährige ergaben sich daraus:

- Die Hilfe für junge Volljährige wird auch nach dem 18. Lebensjahr gewährt. Im RJWG war diese nur als Fortsetzungshilfe konstruiert.
- Die Gewährung der Hilfe hängt nicht von der laufenden Ausbildungsmaßnahme ab.
- Im RJWG war davon die Rede, dass die Hilfe gewährt werden „kann". Im § 41 „soll" die Hilfe gewährt werden und ist somit zu einem „sog. Regelrechtsanspruch" geworden (Wiesner u. a. 2011 SGB VIII, § 41 Rn. 25 zit. in ebd.).

Ablehnungen von Anträgen auf Leistungen, die nach dem 18. Lebensjahr gestellt werden und nicht auf den individuellen Hilfebedarf eingehen, werden vom Verwaltungsgericht aufgehoben, da sie rechtswidrig sind. Nach dem Erreichen des 21. Lebensjahres kann die Hilfe für junge Volljährige nicht mehr begonnen werden. Der Antrag kann auch noch zwei Monate vor der Vollendung des 21. Lebensjahres gestellt werden (BayVGH v. 11.02.1994, 12 CE 93, 3053 zit. in Wiesner, 2014). In begründeten Einzelfällen kann die Hilfe über die Vollendung des 21. Lebensjahres fortgeführt werden. Im Unterschied zu § 26 SGB VIII enthält der § 41 SGB VIII einen Absatz zur Nachbetreuung der jungen Volljährigen (§ 41 Abs. 3). Dieser sollte ursprünglich die bisher geleistete Hilfe sichern und den Übergang von der stationären Hilfe in ein selbständiges Leben erleichtern. Die Nachbetreuung erhält eine zentrale

Bedeutung, wenn es um reibungslose Übergänge in andere Hilfesysteme geht. Wiesner (2014) fordert, dass die Träger der öffentlichen Jugendhilfe eine Lotsenfunktion übernehmen. Diese können die Beratung sowie Organisation im Hinblick auf Anschlussmaßnahmen für die jungen Erwachsenen nutzen (ebd.).

Die Sachverständigenkommission zum 14. Kinder- und Jugendhilfebericht stellte allerdings fest, dass die Inanspruchnahme der Hilfen für junge Volljährige im landesweiten sowie interkommunalen Vergleich gravierende Differenzen aufweist. Sie identifiziert unterschiedliche Faktoren, die auf die Entscheidungen in der Praxis Einfluss nehmen:

- Finanzielle (sogenannte fiskalische) Motive
- Unterschiedliche Wahrnehmungs- und Beurteilungsmuster der Fachkräfte sowie ein fehlender fachlich-konzeptioneller Rahmen für die spezifischen Entwicklungsaufgaben dieser Altersgruppe (BMFSFJ, 2013 zit. in Wiesner, 2014).

1.1.2 Hilfen für junge Volljährige

Bisherige Bewilligungspraxis und damit einhergehende Herausforderungen

Innerhalb der Erziehungshilfe gab es vor dem Hintergrund der früheren gesetzlichen Regelungen für Care Leaver:innen einige im Zusammenhang mit der dargestellten Bewilligungspraxis stehende, spezifische Herausforderungen: Im Übergang in andere Hilfesysteme gab es z. B. kein ausgearbeitetes Fall- und Übergangsmanagement, welches die Übergangsbegleitung in ein selbständiges Leben sicherte. Ob der Übergang aus der stationären Hilfe gelang, oblag somit der örtlichen Hilfekultur und dem Engagement einzelner Personen sowie den regionalen Kooperations- und Übergangsstrukturen (Sievers, Thomas, & Zeller, 2014).

Im Rahmen des § 41 SGB VIII gab es einige Umsetzungsschwierigkeiten. Wiesner (2014) führt zwei Gründe an, die sich in der Vergangenheit als Hürden für die Inanspruchnahme der Hilfe erwiesen haben. Zum einen nennt er den „Einwand mangelnder Erfolgsaussicht der zu gewährenden Hilfe“, zum anderen den „Einwand fehlender Mitwirkungsbereitschaft seitens der jungen Menschen“ (ebd., S. 13). Dass diese Argumentation juristisch eigentlich nicht haltbar ist, wird aus der Zahl der gerichtlichen Entscheidungen deutlich: Junge Menschen sind durch die gerichtliche Kontrolle doch noch zu ihrem Recht gekommen, ihre Hilfe genehmigt zu bekommen. Die anderen zu Unrecht abgelehnten Leistungen nach § 41 SGB VIII, welche nicht vor Gericht ausgetragen wurden, lassen erahnen, dass die Zahl deutlich höher liegt (ebd.).

Das Bundesverwaltungsgericht hat hierzu eine Grundsatzentscheidung getroffen: *„Die Vorinstanzen sind zutreffend davon ausgegangen, daß [sic] eine Hilfe nach § 41 SGB VIII nicht voraussetzt, daß [sic] der junge Volljährige bis zur Vollendung des 21. Lebensjahres seine Verselbständigung erreicht hat, sondern daß [sic] es genügt, wenn die Hilfe eine erkennbare Verbesserung der Persönlichkeitsentwicklung und Fähigkeit zu eigenverantwortlicher Lebensführung erwarten läßt [sic] ... Sie ist also nicht notwendig auf einen bestimmten Entwicklungsabschluß [sic] gerichtet, sondern auch schon auf einen Fortschritt im Entwicklungsprozeß [sic] bezogen"* (Urteil vom 23. September 1999, BVerwG 5 C 26.98 zit. in Wiesner, 2014, S. 14).

Die Entscheidungen des Verwaltungsgerichtes beziehen sich bis heute auf diesen Grundsatz (ebd.).

Die Mitwirkung der jungen Erwachsenen ist „eine generelle Voraussetzung bei der Gewährung persönlicher Hilfen und kein Spezifikum der Hilfe für junge Volljährige" (Wiesner, 2015, S. 15). Die Leistungsvoraussetzung für die Gewährung einer Hilfe nach § 41 Abs. 1 SGB VIII ist demzufolge eine grundsätzliche Bereitschaft der betroffenen jungen Menschen zur Beteiligung und ein Interesse, am Hilfeplanverfahren mitzuwirken. Die Lebenssituation von älteren Jugendlichen und jungen Erwachsenen ist allerdings häufig von begrenztem Durchhaltevermögen gekennzeichnet sowie von der Neigung, Unterstützungsangebote abzulehnen oder Hilfeprozesse abzubrechen. Gerade bei diesen oft komplizierten und desinteressierten jungen Menschen sollte es eine letzte Möglichkeit geben, eine gesellschaftliche Integration auszuprobieren und nicht vorschnell eine Beendigung der Hilfe anzustreben. Wiesner plädiert an die Fachkräfte, „einen angemessenen Mittelweg [zu] beschreiten zwischen einer distanzierten Position, die von dem jungen Menschen den ständigen Nachweis der Mitwirkungsbereitschaft erwartet, und einer bevormundenden und aufdrängenden Pädagogik, die abweichende Lebensentwürfe nicht tolerieren will" (Wiesner u. a. 2011 SGB VIII § 41 Rn. 24 zit. in Wiesner, 2014, S. 15).

Neuregelungen im neuen Kinder- und Jugendstärkungsgesetz (KJSG) – § 41 SGB VIII
Durch die oben beschriebenen Änderungen im Rahmen der SGB VIII-Reform wurden nun neue Rahmenbedingungen geschaffen.
Im Jahr 2021 erfolgte erneut eine Gesetzesnovellierung. Der ursprüngliche § 41 SGB VIII bis zum Jahr 2021 las sich wie folgt:

„§ 41 Hilfe für junge Volljährige, Nachbetreuung

(1) *Einem jungen Volljährigen soll Hilfe für die Persönlichkeitsentwicklung und zu einer eigenverantwortlichen Lebensführung gewährt werden, wenn und solange die Hilfe auf Grund der individuellen Situation des jungen Menschen notwendig ist. Die Hilfe wird in der Regel nur bis zur Vollendung des 21. Lebensjahres gewährt; in begründeten Einzelfällen soll sie für einen begrenzten Zeitraum darüber hinaus fortgesetzt werden.*
(2) *Für die Ausgestaltung der Hilfe gelten § 27 Absatz 3 und 4 sowie die §§ 28 bis 30, 33 bis 36, 39 und 40 entsprechend mit der Maßgabe, dass an die Stelle des Personensorgeberechtigten oder des Kindes oder des Jugendlichen der junge Volljährige tritt.*
(3) *Der junge Volljährige soll auch nach Beendigung der Hilfe bei der Verselbständigung im notwendigen Umfang beraten und unterstützt werden (SGB VIII)" (BMFSFJ, 2014).*

Mit der Umsetzung des neuen Kinder- und Jugendstärkungsgesetzes (KJSG) im Jahr 2021 zeigt sich eine deutliche Verbesserung für junge Volljährige. Junge Volljährige erhalten demnach, anders als zuvor, „geeignete und notwendige Hilfe (...), wenn und solange ihre Persönlichkeitsentwicklung eine selbstbestimmte, eigenverantwortliche und selbständige Lebensführung nicht gewährleistet" (§ 41 Abs. 1 SGB VIII). Der Absatz 3 § 41 wurde komplett gestrichen und stattdessen durch folgenden Satz ersetzt: „Soll eine Hilfe nach dieser Vorschrift nicht fortgesetzt oder beendet werden, prüft der Träger der öffentlichen Jugendhilfe ab einem Jahr vor dem hierfür im Hilfeplan vorgesehenen Zeitpunkt, ob im Hinblick auf den Bedarf des jungen Menschen ein Zuständigkeitsübergang auf andere Sozialleistungsträger in Betracht kommt: § 36 b gilt entsprechend". Der § 36 b ist ebenfalls neu. Hier besagt der Absatz 1, dass „zur Sicherstellung der Kontinuität und Bedarfsgerechtigkeit der Leistungsgewährung" (§ 36 b SGB VIII) die öffentlichen Stellen im Rahmen des Hilfeplanverfahrens gemeinsame Vereinbarungen des Zuständigkeitsübergang treffen sollen. Auch die Aufgabe, welche Leistungen nach dem Zuständigkeitsübergang dem Bedarf des jungen Menschen entsprechen, kommt der öffentlichen Jugendhilfe und anderen öffentlichen Stellen (Sozialleistungsträger, Rehabilitationsträger) zu.

Das Wort „Nachbetreuung" in der Überschrift des § 41 SGB VIII wurde gänzlich gestrichen, stattdessen wurde der § 41 a eingeführt:

> „§ 41 a Nachbetreuung
>
> (1) Junge Volljährige werden innerhalb eines angemessenen Zeitraums nach Beendigung der Hilfe bei der Verselbständigung im notwendigen Umfang und in einer für sie verständlichen, nachvollziehbaren und wahrnehmbaren Form beraten und unterstützt.
>
> (2) Der angemessene Zeitraum sowie der notwendige Umfang der Beratung und Unterstützung nach Beendigung der Hilfe sollen in dem Hilfeplan nach § 36 Absatz 2 Satz 2, der die Beendigung der Hilfe nach § 41 feststellt, dokumentiert und regelmäßig überprüft werden. Hierzu soll der Träger der öffentlichen Jugendhilfe in regelmäßigen Abständen Kontakt zu dem jungen Volljährigen aufnehmen." (SGB VIII)

Die neue Gesetzesgrundlage stellt eine wesentliche Verbesserung der Hilfen für junge Volljährige dar. In den nächsten Jahren wird sich zeigen, inwieweit sich die Bewilligungspraxis für die Care Leaver:innen tatsächlich verbessert.

1.2 Studien zum Thema Care Leaver:innen

In einigen anderen Ländern ist die Gruppe der Care Leaver:innen und damit die Gestaltung der Übergänge von den stationären Hilfen in ein eigenständiges Leben stärker im Fokus als in Deutschland, nicht nur in der wissenschaftlichen Forschung, sondern auch in der Fachpraxis und in der sozialpolitischen Diskussion. Daraus ergibt sich, dass dort deutlich mehr Studien zu dieser Thematik vorliegen. In den letzten Jahren nahmen aber auch die Studien im deutschsprachigen Raum zu und die damit einhergehenden Problemstellungen wurden genauer untersucht. Ziel der Studien war es, zu verstehen, was genau benötigt wird, um gelingende Übergänge zu gestalten, um die Nachhaltigkeit der Jugendhilfe zu gewährleisten und welche Herausforderungen (retrospektiv aus Sicht der Care Leaver:innen) nach der Hilfe gegeben sind.

1.2.1 Unterstützungsangebote im Übergang

In der Studie „Entkoppelt vom System" (Mögling, Tillmann, & Reißig, 2015) lag der Schwerpunkt auf der „Erfassung der Erfahrungen mit Exclusions- und Entkopplungsprozessen sowie ihrer Bedarfslagen für eine gelingende Verselbständigung" (ebd., S. 13). Die Studie kam zu den Schlussfolgerungen, dass das Ausmaß „entkoppelter Jugendlicher" in Deutschland kaum messbar bzw. bekannt sei. Mit den qualitativ erhobenen Daten der Studie lassen sich dennoch Ansatzpunkte identifizieren, die zu positiven Lebensverläufen der jungen Menschen führen: Die jungen Menschen, die vor dem Erreichen des 18. Lebensjahres präventive Unterstützungsangebote erhalten haben, wiesen deutlich positivere Lebensverläufe auf. Darüber hinaus zeigt sich, dass es einer langfristigen Unterstützung über das 18. Lebensjahr hinaus bedarf, um den damit einhergehenden behördlichen Anforderungen gerecht zu werden und nicht in die Überforderung zu gelangen (ebd.).
Die Studie „Einrichtung einer nachstationären Anlaufstelle zur Betreuung von Care Leavern" (Faltermaier & Schäfer, 2018) analysierte die Bedarfe der jungen Menschen im Übergang in ein selbständiges Wohnen, Arbeiten und Leben unter Einbezug der Perspektive der jungen Menschen, die die Jugendhilfe bereits verlassen haben, und pädagogischer Fachkräfte. Die Alltagsorganisation nach der Hilfe wurde von den Befragten als relativ „gut" eingeschätzt, im Gegensatz zum Umgang mit Finanzen und rechtlichen Angelegenheiten. Die Folgen könnten hier Verschuldung und Insolvenzen sein. Aber auch mit der Verarbeitung von Alltagskrisen und unvorhersehbaren (negativen) Ereignissen kommen die Care Leaver:innen nach ihrem Auszug aus

der Jugendhilfe nur schwer zurecht. Die Autoren zeigen auf, dass sich ohne ein geregeltes Unterstützungsangebot nach der Hilfe (nachhaltige) Krisen bei den Care Leaver:innen entwickeln können. Hier sollten individuelle Konzepte entstehen, um diesem entgegenzuwirken (Faltermaier & Schäfer, 2018).
Auch die Studie „It's All Rights 4u after Care – Care Leaver verstehen, unterstützen, eine Stimme geben!" (Sievers & Thomas, 2016) fokussierte sich auf die Übergangserfahrung aus Sicht von Care Leaver:innen, aber auch auf die damit einhergehenden strukturellen Aspekte des Übergangs. Die Ergebnisse dieser Studie zeigen, „dass die Existenzsicherung im Übergang nach der stationären Jugendhilfe häufig nicht gewährleistet ist, dass berufliche Perspektive unklar und ein unterstützendes privates Netzwerk oft ein entscheidendes ‚Glück', aber keineswegs bei allen gegeben ist" (Sievers & Thomas, 2016, S. 23). Auch die finanziellen und rechtlichen Unterstützungsangebote für Care Leaver:innen fehlen und sind noch nicht für diese Zielgruppe aufgearbeitet, obwohl der Bedarf hier groß ist (Sievers & Thomas, 2016).
Die vorangegangene Studie „Nach der stationären Erziehungshilfe – Care Leaver in Deutschland" (Sievers et al., 2014) nahm die Erfahrungen in der Ausgestaltung der Hilfen aus Sicht der Fachkräfte in den Blick. Ziel der Studie war es, gelingende Formen der Ablösung und damit einhergehende Konzepte zu erarbeiten. Auch diese Studie kam zu dem Ergebnis, dass kein ausreichendes Fall- und Übergangsmanagement in den Einrichtungen zur Verfügung steht und die (gute) Übergangsbegleitung sowie anschlussfähige Unterstützungsangebote am Engagement einzelner Personen festzumachen seien. Die Fachkräfte in den Interviews postulierten, dass zum Gelingen des Übergangs aus der stationären Jugendhilfe eine intensive Kooperation zwischen den unterschiedlichen Leistungsbereichen unerlässlich ist. Aber auch die Kontaktpflege zu Ehemaligen sei ein wichtiger Faktor, um überhaupt die Nachhaltigkeit der Hilfe zu sehen und ggf. weitere Unterstützungsmöglichkeiten anbieten zu können (ebd.)

Zusammenfassend ergeben sich aus diesen beiden Projekten die folgenden grundlegenden Erkenntnisse:

Was brauchen Care Leaver:innen? Was ist gute Praxis?		
Nicht mehrere Übergangsprozesse parallel einleiten!	Orte des Zurückkommens schaffen!	Partizipation im Sinne von Selbstverantwortung und Selbstbestimmung fördern!
Bildung als Aufgabe der Erziehungshilfe besser verwirklichen!	Übergänge mit Care Leaver:innen und anderen Beteiligten planen und begleiten!	Netzwerke stärken/Gruppenangebote erweitern!
Abschiede vorbereiten und Abschiednehmen lernen!	Stärkung der Rechte von Care Leaver:innen: Advocacy	Rechte von Care Leaver:innen stärken!
Infrastruktur für Hilfen aus einer Hand verbessern!	Reversible und flexible Übergänge aus Erziehungshilfen ermöglichen!	Bindungen ermöglichen und erhalten: Ehemaligenarbeit und Patenschaften institutionalisieren!

Abbildung 2: Erkenntnisse aus bisherigen Care Leaver:innen-Projekten (eigene Darstellung in Anlehnung an IGFH, 2017)

Auch Studien aus Großbritannien und Australien befassten sich mit einer entsprechenden Fragestellung und kamen zu ähnlichen Erkenntnissen. Dort zeigte sich zunächst, dass die Vorbereitung des Übergangs einen großen Stellenwert hat, vor allem in Bezug auf das psychosoziale Wohlbefinden und die alltagspraktische Lebensbewältigung. Die Ermöglichung eines flexiblen Übergangs sowie eine professionelle Nachbetreuung können Erfolge der Nachhaltigkeit der stationären Hilfe sein (Mendes et al., 2011 zit. in Sievers et al., 2016).

Die schottische Studie von Stein (2006) belegt die Gefahr, dass Care Leaver:innen nach dem Übergang der stationären Erziehungshilfe in die Wohnungslosigkeit geraten. Darüber hinaus zeigen Studien aus Australien bzw. der USA, dass eine stabile und zufriedenstellende Wohnsituation als eine Schlüsselkategorie für den gelingenden Übergang gedeutet werden kann (Johnson & Mendes, 2014). Viele Herausforderungen entstehen mit dem Umzug in eine eigene Wohnung und dem Ende der stationären Erziehungshilfe. Das Gefühl, nach der stationären Hilfe nicht genügend Unterstützung zu erhalten sowie unsichere Wohnverhältnisse zu haben, trägt wesentlich dazu bei, den positiven Verlauf des Übergangs zu gefährden. Laut Thomas (2015) ist somit eine verlässliche Begleitung auch nach dem Umzug in eine eigene Wohnung ein wichtiger Faktor, um einen gelingenden Übergang zu ermöglichen (ebd.). Wade und Dixon (2006) zeigen in ihrer Studie auf, dass „die Sicherstellung eines stabilisierenden (Wohn-)Umfelds während der Hilfe das Gelingen des Übergangs wahrscheinlicher macht" (Severin et al., 2016). Der positive Verlauf des Übergangs kann durch unsichere Wohnverhältnisse und durch das Gefühl, nicht genug Unterstützung zu erhalten, beeinträchtigt werden (Cashmore & Paxman, 2006).

1.2.2 Biografische Herausforderungen durch Fremdunterbringung

Die TAWO-Studie (Frietsch & Holbach, 2016) befasst sich mit der Frage, welche methodischen Schritte konzeptionell fachlich geboten sind, um Wohnungslosigkeit von Care Leaver:innen zu vermeiden. Innerhalb dieser Studie lebten 60 % der jungen Männer und 78 % der jungen Frauen zuvor in einem intentionellen Kontext der Jugendhilfe, bevor sie in die Obdachlosigkeit gerieten. Bei den jungen Menschen traten häufig vermehrt Diskontinuitäten des Aufwachsens auf, teilweise selbst initiiert oder durch die Herausnahme aus einer Pflegefamilie und bzw. oder durch frühzeitige Heimerfahrungen mit häufigen Einrichtungswechseln sowie damit einhergehenden Betreuungs- und Beziehungswechseln. Frietsch und Holbach kommen in ihrer Studie zu der Erkenntnis, dass die Beendigung der Jugendhilfe und der damit verbundene Übergang in ein selbständiges Leben eine kritische Lebensphase darstellt für junge Menschen, die einen Teil ihres Lebens in stationären Einrichtungen und/oder Pflegefamilien verbracht haben und durch gravierende komplexe Problemlagen belastet sind. „Um diesen Übergangsprozess nachhaltig gelingend zu gestalten – und zur Prävention von Wohnungslosigkeit – lässt sich aus den Analysen der Hilfeverläufe/-erfahrungen dieser Gruppe der Care Leaver klar ableiten, dass die institutionellen Hilfen – insbesondere der Jugendhilfe – bisher nicht fachlich adäquat erfolgt sind und in diesem Handlungsbereich leistungsrechtliche und konzeptionelle

Neuausrichtungen einer rechtzeitigen psychosozialen Diagnostik und differenzierter fachlicher Hilfen dringend geboten sind" (Frietsch & Holbach, 2021; Seker et al., 2022).

Auch die SOS-Kinderdörfer befassen sich seit 2017 in ihrer Längsschnittstudie mit den biografischen Herausforderungen der Care Leaver:innen. Schwerpunkt dieser Studie ist die Frage, welche Bedingungen förderlich für die jungen Menschen sind, um ein gelingendes eigenständiges Leben nach der Hilfe zu führen. Die bisherigen Erkenntnisse zeigen, dass ein wichtiger Faktor tragfähige Beziehungen sind, welche den jungen Menschen in der Zeit des Übergangs Halt geben. Auch zeigt sich, dass die jungen Menschen, die sich in der Herkunftsfamilie und in der Wohngruppe zugehörig fühlen, nach der Zeit der Hilfe davon profitieren. Die Bildungsunterschiede zu Gleichaltrigen, die nicht in der Erziehungshilfe aufwachsen, sind deutlich: Care Leaver:innen weisen niedrigere Schulabschlüsse vor. Ist ein tragfähiges Netzwerk bei den jungen Menschen vorhanden, erleichtert dieses den Übergang der Care Leaver:innen. Beteiligung und eine fachliche Begleitung in ein eigenständiges Leben sowie Hilfemaßnahmen, die individuell abgestimmt sind, sind wichtige Gelingensbedingungen (Riedl, 2020).

Die Studie aus Basel „Care Leaver erforschen Leaving Care" (2020) fokussiert die Herausforderungen im Übergang aus der Erziehungshilfe in ein eigenständiges Leben unter Berücksichtigung des Bedarfes an Unterstützung und informellen und formalen Unterstützungsangeboten. Ziel der Studie war es, konkrete Erkenntnisse zur Optimierung der Übergangsbegleitung zu erhalten. In dem Forschungs- und Entwicklungsprojekt forschten Care Leaver:innen über drei Jahre gemeinsam mit Fachkräften und Wissenschaftler:innen zur o. g. Zielstellung. Sie kommen zu ähnlichen Erkenntnissen wie die vorangegangenen Studien. Allerdings weisen die Autorinnen noch auf weitere Gelingensfaktoren hin: Stärkung der Arbeit mit der Herkunftsfamilie, schritt- oder etappenweiser Übergang in ein selbständiges Leben sowie Verlängerungs- und Rückkehroptionen und/oder Nachbetreuungsangebote, die sich an den individuellen Bedarfen orientieren. In den durchgeführten Interviews wurde von den Care Leaver:innen häufig das „Bedürfnis nach psychosozialer, emotionaler Begleitung und vertrauensvollen Beziehungen nach dem Austritt angesprochen. Zugleich besteht Bedarf an konkreten Informationen und Unterstützung in alltagspraktischen Fragen und Belangen sowie nach Zugängen zu anderen professionellen Angeboten" (Ahmed, Rein, & Schaffner, 2019, S. 12).

Auch internationale Studien zeigen, dass der Übergang besonders positiv verläuft, wenn die jungen Volljährigen Stabilität und Kontinuität im Hilfesystem und in ihren sozialen Beziehungen vorfinden (Welbourne & Leeson, 2013). Stein und Wade (2000) unterstützen diese Aussage, zusätzlich sollten die Care Leaver:innen jedoch auch im Übergangsprozess auf für sie wichtige Wegbegleiter:innen (Fachkräfte, Pflegeeltern, Gleichaltrige oder Personen aus der Herkunftsfamilie) zurückgreifen können. Zahlreiche Untersuchungen zeigten, dass die jungen Volljährigen, die weiterhin Unterstützung von Vertrauenspersonen bekamen, sich besser auf die Eigenständigkeit vorbereitet fühlten (Mendes et al., 2011 zit. in Sievers et al., 2015).
Care Leaver:innen aus Pflegefamilien sind bisher kaum Gegenstand von Studien. Von 2018 bis 2021 befasste sich die Studie „Care Leaving. Übergänge für junge Menschen aus Pflegefamilien gestalten" (Lütz, 2019) mit dieser Thematik. Die Studie zeigt ähnliche Problemfelder auf wie die Studien mit Care Leaver:innen, die in einer Wohngruppe gelebt haben: „Diese betreffen mal die strukturellen/gesetzlichen Gegebenheiten, mal die organisatorischen Fragen und mal die persönliche und zwischenmenschliche Ebene." (Lütz, 2019, S. 5). Auch die Studie von Ehlke (2021) „Der Übergang Leaving Care aus Pflegefamilien" kommt zu ähnlichen Erkenntnissen.

1.2.3 Die Bedeutung von Entwicklungserfahrungen im sozialen Umfeld

Im Jahr 2012 befassten sich die Diakonie Rheinland-Westfalen-Lippe e. V., Mitarbeitende der Fachhochschule Münster sowie Fachkräfte der stationären Jugendhilfe mit der Thematik „Ablösung und Integration: Übergänge in die Zeit nach dem Heim". Bei der Langzeituntersuchung ging es vor allem darum, die Folgen und subjektive Relevanz von stationärer Heimunterbringung zu erforschen. Dabei standen zwei Fragestellungen im Mittelpunkt: „Welche Kompetenzen und Eigenschaften lassen es wahrscheinlich erscheinen, dass junge Menschen den biografischen Schritt von der Hilfe zur Erziehung in die Eigenständigkeit erfolgreich bewältigen?" (Kress, 2012) und „Welche strukturellen Konsequenzen sind daraus mit Blick auf die Heimerziehung zu ziehen?" (ebd.).

Es handelt sich hierbei um eine Projektauskoppelung; das Projekt selbst ist eine Langzeituntersuchung, welche sich mit den „positiven Wirkfaktoren für eine gelingende Integration in die Zeit nach dem Heim" (Kress, 2012) beschäftigt. Das Ergebnis der Erstbefragung zeigte, dass die jungen Menschen die Frage nach qualitativ guter Heimerziehung auf der Ebene des WIE, also in Bezug auf die Atmosphäre, respektvollen Umgang, Haltung etc., beantworteten. Die Konzepte sowie Strukturen waren nebensächlich. Bei der Befragung zwei Jahre später waren die Themen der jungen Menschen überwiegend Verselbständigung, berufliche Integration sowie Einbindung in alte und neue Beziehungen (Freundschaften, Herkunftsfamilie etc.). Ein großer Teil der Befragten war zu dem Zeitpunkt damit beschäftigt, die berufliche Integration zu sichern. Nur wenige besaßen eine abgeschlossene Berufsausbildung. Kress (2012) weist darauf hin, dass die Beziehungen zu Freund:innen, Familie sowie Betreuer:innen eine wichtige Rolle für die jungen Menschen spielten, dabei erhoffen sich die jungen Menschen emotionalen Halt und Verlässlichkeit. Oft besteht der Wunsch nach einer Familiengründung. Dies zeigt sich besonders, wenn es um die Zukunftsvorstellungen der jungen Menschen geht (ebd.). Freundschaften wurden eher außerhalb der stationären Unterbringung geschlossen, gruppeninterne Freundschaften gab es selten. Das mag vielleicht daran liegen, so die Meinung der jungen Erwachsenen, dass der Aufbau von Beziehungen wegen mangelnder Konstanz kaum möglich war (Kress, 2012). Ein Teil der jungen Menschen gab bei der Untersuchung an, dass sie bei der Wichtigkeit der Personen ihrer Herkunftsfamilie unterscheiden. Vorwiegend wurden Eltern, Großeltern und (vor allem jüngere) Geschwister als wichtiges Familienmitglied benannt. Dabei ist das Verhältnis zu den leiblichen Eltern ambivalent, so wie häufig auch zu den anderen Familienmitgliedern. Die leiblichen Eltern wurden hierbei als seelische Unterstützung zur Problembewältigung benannt. Die jungen Menschen gaben an, insbesondere zu ihren Geschwistern ein besonderes Verhältnis zu haben, welches jedoch eher auf Verantwortungsgefühle diesen gegenüber zurückzuführen ist; die Trennung von ihren Geschwistern erlebten sie als besonders belastend. Der andere Teil der jungen Menschen gab an, sich von seiner Herkunftsfamilie abgrenzen zu wollen. Diese Gruppe zeigte Wut und Frustration ihrer Herkunftsfamilie gegenüber und hatte ein hohes Bedürfnis nach einer räumlichen Trennung zu ihren leiblichen Eltern (Kress, 2012).

Auch die britische Studie von Wade (2008) zeigt auf, wie wichtig die Herkunftsfamilie für die Care Leaver:innen ist. Nach der stationären Hilfe suchen die Care Leaver:innen häufig den Kontakt zu dieser und versuchen, den Kontakt erneut auszuhandeln. Die Herkunftsfamilie stellt jedoch häufig keine eindeutige Ressource dar. Um sie als Ressource zu erhalten oder zu erschließen, sollte im Übergang ein Fokus auf die Beratung und Vermittlung von sozialen Beziehungen stattfinden (Thomas, 2015). Auch in der Untersuchung von Kress (2012) zeigte sich, dass die Herkunftsfamilie eine zentrale Rolle während der Zeit in der stationären Jugendhilfe für die jungen Menschen spielt. Sie gaben bei der Untersuchung an, dass sich durch den gewonnenen Abstand während ihres Aufenthaltes in der stationären Jugendhilfe das Verhältnis zu ihrer Herkunftsfamilie verbessert hat (ebd.). Neben den Wegbegleiter:innen stellen auch der gleichaltrige Freundeskreis (Dinisman & Zeira, 2011) und die Lebenspartner:innen (und deren Familien) (Wade, 2008) eine große Bedeutung für Care Leaver:innen dar (Sievers et al., 2015). Die Intensität des Kontaktes zu den leiblichen Eltern während der stationären Hilfe wirkt sich nach Hilfeende als Unterstützung aus (Marsh & Peel, 1999). Hier wird nochmal deutlich, wie wichtig die Elternarbeit während der stationären Hilfe ist. Wohnortferne Unterbringungen machen eine Rückführung in die Herkunftsfamilie deutlich schwieriger, da auch hier der regelmäßige Kontakt zu der Herkunftsfamilie in den meisten Fällen nicht stattfinden kann (Sievers et al., 2015).

Die Längsschnittstudie JAEL (Jugendhilfe aus Erfahrung lernen) wiederum zeigt auf, welche langfristige Folgen belastende Kindheitserfahrungen in der Herkunftsfamilie haben und was dies für die stationäre Kinder- und Jugendhilfe und so auch für das Leaving Care bedeutet. In der Studie wurden junge Menschen, die acht bis zehn Jahre zuvor die Untersuchung MAZ (Modellversuch Abklärung und Zielerreichung) durchlaufen hatten, befragt. Insgesamt nahmen 218 jungen Menschen (203 füllten die ausfüllen Onlinetestbatterie aus, 180 nahmen an standardisierten klinischen Interviews teil) im durchschnittlichen Alter von 26 Jahren teil (Schmid, Fegert, Schmeck, & Boonmann, 2022a).

Die Studie verdeutlicht, dass ein wesentlicher Teil der Care Leaver:innen ein erhöhtes Risiko für andauernde psychische Problematiken aufweist. „Die frühzeitige Erkennung und passgenauere Hilfeplanung sollte [daher] fester Bestandteil eines

Platzierungs- und Aufnahmeprozesses sein" (Seker et al., 2022, S. 18). Zudem konnte die Studie zeigen, dass Care Leaver:innen in hohem Maße von belastenden Kindheitserfahrungen (Misshandlung, Vernachlässigung) betroffen sind, über 50 % sogar von kumulierenden Belastungen (Schmid et al., 2022b, S. 28). Letzteres trug zur Erhöhung von Schwierigkeiten in verschiedenen Lebensbereichen wie bspw. Gesundheit, Finanzen oder soziale Kontakte bei, wiederum schwächte Selbstwirksamkeit diesen Zusammenhang ab (ebd., S. 31). Die Autor:innen weisen daher auf die Notwendigkeit psycho- und milieutherapeutischer Angebote der stationären Kinder- und Jugendhilfe, besonders aber auch auf professionelle Beziehungsarbeit hin: „Ein zentraler Aspekt sämtlicher pädagogischer und therapeutischer Bemühungen mit traumatisierten Menschen sollte in der Vermittlung von korrigierenden Beziehungserfahrungen und dem Aufbau von Bindungssicherheit und neutralen oder positiven Erwartungen in sozialen Interaktionen liegen, da eine langfristig erfolgreiche soziale Teilhabe wohl nur erreicht werden kann, wenn wieder vertrauensvolle oder zumindest hoffnungsvolle Beziehungen zu anderen Menschen im Privaten und beruflichen Kontexten eingegangen werden können" (ebd., S. 35).

1.2.4 Regionale Disparitäten bei der Bewilligung der Hilfe über das 18. Lebensjahr hinaus

Das Institut für soziale Arbeit e. V. führte von 2004 bis 2006 ein Forschungsprojekt durch (18plus – Intention und Wirkungen des § 41 SGB VIII: Hilfen für Volljährige), welches eine Zwischenbilanz geben sollte, ob die Hilfen für junge Volljährige durch die Einführung des § 41 SGB VIII im Jahr 1995 eine Verbesserung erfuhren. Schwerpunkt dieses Projektes war, die Hintergründe für die Auswertung der statistischen Daten sowie für die „regionalen Disparitäten bei der Gewährung bzw. Nutzung der Hilfen für junge Volljährige" (Nüsken, 2006, S. 6) und die Wirkung der Hilfen aus Sicht der Nutzer:innen zu untersuchen (Nüsken, 2006). Die Untersuchung zeigte, dass die Leistungen für junge Volljährige sich zumindest quantitativ verbessert haben. Die Jugendhilfestatistik zeigt jedoch auch, dass es regionale Disparitäten bei der Gewährung der Hilfen für junge Volljährige gab, nicht nur auf der Ebene der Bundesländer, sondern auch auf kommunaler Ebene. Die Ergebnisse der Aktenanalyse ergaben, dass sich die Disparitäten u. a. durch „die unterschiedliche, systematische

Interpretation von Lebenskrisen der jungen Menschen" (Nüsken, 2006, S. 24) erklären. Im Rahmen der Aktenanalyse konnte insgesamt festgestellt werden, „dass keine erkennbare fachliche Entwicklung der Hilfen für junge Volljährige stattgefunden hat" (ebd.). Der Grund für die fehlende Entwicklung könnte die sehr ungleiche Gewährungsentscheidung bzw. das Entscheidungsverhalten der Jugendämter sein, welches in der Dokumentenanalyse nachgewiesen wurde (Nüsken, 2006). Die Interviews mit den ehemaligen jungen Volljährigen der stationären Hilfen zeigten, dass die jungen Erwachsenen die Zeit in der stationären Maßnahme als Lern- und Entwicklungsphase betrachteten. Rückblickend benannten sie „Aspekte ihrer Persönlichkeitsentwicklung, die Aufnahme und Pflege sozialer Kontakte, schulisch-berufliche Fortschritte und das Erlernen von Kulturtechniken, selbständiger Lebensführung" (Nüsken, 2006, S. 84) als förderliche Elemente, die sie mit den Leistungen der Jugendhilfe in Verbindung bringen (ebd.).

Ein zentraler Aspekt war bei den jungen Volljährigen die Selbständigkeit. Diese war zunächst mit viel Verunsicherung verbunden, da sie oftmals zu Überforderung führte in Bezug auf die alltagspraktischen Dinge und die Aufgabe, für sich selbst zu sorgen. Positiv benannten die jungen Erwachsenen ihren Umgang mit Institutionen und ihre Durchsetzungsfähigkeit. Sie sahen unterschiedliche Aspekte der Jugendhilfe als förderlichen Beitrag zu ihrer positiven Entwicklung: eigene Wohnung und eine Betreuung, die Bezugspersonen sowie methodische Ansätze (z. B. Umgang mit Geld) (Nüsken, 2006). Eine große Bedeutung gaben die jungen Erwachsenen dem Aufbau und der Entwicklung einer konstanten Beziehung zu den Betreuer:innen. Als Kriterien der als positiv bewerteten Beziehungen zeichneten sich Verlässlichkeit, Orientierung, Vertrauen, Authentizität sowie Exklusivität ab. Rückblickend werden die Bezugspersonen von den jungen Volljährigen eher als Freund:innen und Elternersatz wahrgenommen und „weniger als professionelle Helfer" (Nüsken, 2006, S. 80).

2 Zielstellungen der Studie

Das Projekt „Care Leaver – stationäre Jugendhilfe und ihre Nachhaltigkeit“[2] wurde mit der Hauptzielstellung initiiert, empirisch fundierte Erkenntnisse über die Lebenssituation von Care Leaver:innen nach ihrer stationären Hilfe zur Erziehung sowie über Erfolgs- und Misserfolgsfaktoren für eine langfristige, über die Hilfezeit hinaus andauernde Wirksamkeit stationärer Hilfen zu gewinnen. Dazu wurden zum einen Care Leaver:innen selbst und zum anderen stationär und ambulant arbeitende Fachkräfte befragt, um unterschiedliche Sichtweisen zu Ablauf und Wirksamkeit stationärer wie ambulanter Hilfemaßnahmen in die Untersuchung mit einfließen zu lassen.

Als weiteres Ziel sollten im Rahmen des Projekts konzeptionelle Entwicklungsprozesse in Einrichtungen der stationären wie ambulanten Erziehungshilfe angeregt werden, um Optimierungsprozesse für vor- und nachsorgende Unterstützungsleistungen für Care Leaver:innen zu fördern. Hierzu wurden im Projektverlauf Fachkräfte-Workshops sowie zwei Fachtagungen durchgeführt, um einerseits einen überregionalen fachlichen Austausch zwischen Fachkräften aus verschiedenen für Care Leaver:innen relevanten Bereichen der Erziehungshilfe anzuregen und andererseits wissenschaftliche Erkenntnisse in die Praxis zu transportieren. Mit diesen fachlichen Impulsen sollten Qualitätsentwicklungsprozesse zur nachhaltigen Verbesserung der Situation von Care Leaver:innen angestoßen werden.

Zusammenfassend ergeben sich demnach für das Projekt „Care Leaver“ die folgenden zentralen Zielsetzungen:

1. Gewinn empirisch fundierter Erkenntnisse über die Entwicklung und Lebenssituation von Care Leaver:innen nach Beendigung ihrer stationären Erziehungshilfe
2. Gewinn empirisch fundierter Erkenntnisse zur Nachhaltigkeit stationärer Erziehungshilfen

---

[2] Das Projekt wurde mit Mitteln der Stiftung Glücksspirale finanziell gefördert.

3. Identifizierung empirisch nachweisbarer Wirkfaktoren für eine nachhaltig gelingende Entwicklung von Care Leaver:innen
4. Optimierung vor- und nachsorgender Unterstützungsleistungen für Care Leaver:innen durch die Initiierung konzeptioneller Entwicklungsprozesse in Einrichtungen der (stationären und ambulanten) Erziehungshilfe

Im Sinne eines „Mixed-Methods-Ansatzes" wurde die Untersuchung als Kombination aus quantitativen und qualitativen Erhebungs- und Auswertungsmethoden konzipiert, um die Vorteile beider Ansätze miteinander zu vereinen und umfassendere Antworten auf die zu untersuchenden Forschungsfragen zu erhalten. Außerdem können durch die Komplementarität der Methoden zusätzliche Interpretationen und in der Folge ein besseres Verständnis für den Untersuchungsgegenstand erreicht werden (Kuckartz, 2014, S. 58).

3 Forschungsdesign der Studie

3.1 Design des quantitativen Studienteils

3.1.1 Erhebungsdesign

Das Erhebungsdesign der quantitativen Untersuchung sah im Sinne einer Querschnittsuntersuchung eine einmalige schriftliche Befragung bei folgenden Personengruppen vor:

- Care Leaver:innen: Der Fragebogen enthielt sowohl retrospektive Anteile zur Untersuchung der Situation bei Beendigung der stationären Hilfe sowie zum Ablauf der anschließenden Phase bis zum Erhebungszeitpunkt als auch prospektive Anteile zur Erfassung von Informationen zur aktuellen Situation der jungen Menschen zum Zeitpunkt der Befragung.
- Fachkräfte aus stationären Hilfen zur Erziehung: Der Fragebogen enthielt differenzierte Fragestellungen zum Ablauf der stationären Hilfen junger Menschen sowie zu deren Situation zum Zeitpunkt der Beendigung.
- Fachkräfte aus ambulanten Hilfen zur Erziehung: Der Fragebogen enthielt differenzierte Fragestellungen zu Ablauf und Effektivität ambulanter Betreuungsmaßnahmen nach Abschluss vorhergehender stationärer Hilfen zur Erziehung.

Zur Durchführung der Befragungen wurden alle eingesetzten Fragebögen sowohl als Online- als auch als Papierversion entwickelt und je nach individuellem Bedarf den beteiligten Personen zur Verfügung gestellt.

3.1.2 Feldzugang

Die Kontaktaufnahme zu den jungen Menschen sowie zu den zu befragenden Fachkräften erfolgte

1. über am Projekt beteiligte Einrichtungen mit stationären u./o. ambulanten Hilfen zur Erziehung/Jugendhilfeeinrichtungen
2. über den Care Leaver e. V.

3. über Angebote des Deutschen Caritas-Verbandes für junge Menschen in kritischen Lebenssituationen (Wohnungslosigkeit, Straffälligkeit)

3.1.3 Untersuchungsstichprobe

Personenstichprobe

Im Rahmen des Forschungsprojekts wurden nur junge Menschen berücksichtigt, deren letzte stationäre Jugendhilfemaßnahme mindestens ein halbes Jahr angedauert hatte. Um die Nachhaltigkeit der stationären Hilfen untersuchen zu können, wurde ein Mindestzeitraum seit Beendigung der stationären Hilfe von sechs Monaten festgelegt. Insgesamt haben sich im Rahmen der quantitativen Untersuchung 332 Care Leaver:innen an der Befragung beteiligt. Darüber hinaus konnten über die Fachkräftebefragungen Informationen zu 476 stationären und 159 ambulanten Hilfeverläufen gesammelt und in die statistischen Analysen miteinbezogen werden.

Merkmalsstichprobe

Zur Untersuchung der zentralen Fragestellungen wurden mithilfe der verschiedenen Fragebögen u. a. Informationen aus den folgenden Merkmalsbereichen erhoben:

a) Bogen Care Leaver:innen (93 Items):

- Aktuelle Lebenssituation
- Ablauf der letzten stationären Jugendhilfe
- Lebens-/Wohnsituation sowie Unterstützung durch eine Jugendhilfeeinrichtung in der Zeit nach Beendigung der letzten stationären Jugendhilfe
- Effektivität und Nachhaltigkeit der letzten stationären Jugendhilfe
- Eigene Zukunftsperspektive

b) Bogen stationäre Fachkräfte (68 Items):

- Ablauf der letzten stationären Jugendhilfe
- Effektivität der letzten stationären Jugendhilfe
- Kontakte in der Zeit nach Beendigung der stationären Jugendhilfe
- Zukunftsperspektive des jungen Menschen

c) Bogen ambulante Fachkräfte (67 Items):

- Ablauf der ambulanten Jugendhilfe
- Effektivität der ambulanten Jugendhilfe
- Effektivität und Nachhaltigkeit der letzten stationären Jugendhilfe
- Kontakte in der Zeit nach Beendigung der ambulanten Hilfe
- Zukunftsperspektive des jungen Menschen

Um eine umfassende statistische Untersuchung des nachhaltigen Erfolgs bzw. Misserfolgs der stationären Hilfen vorzunehmen, wurden im Rahmen der Studie vorwiegend drei zentrale Untersuchungskriterien herangezogen:

- ***„Individuelle Grundbefähigungen und Verwirklichungsmöglichkeiten (Capabilities)"*** – aktuelles Ausmaß an persönlichen Grundbefähigungen und gesellschaftlichen Verwirklichungsmöglichkeiten der Care Leaver:innen zum Zeitpunkt der Datenerhebung; die Erfassung erfolgte mithilfe einer sechsstufigen Ratingskala in zehn spezifischen Teilbereichen, deren Operationalisierung sich an dem von Amartya Sen und Martha Nussbaum (1993) entwickelten „Capability Approach" orientiert (dazu auch Arnold, Macsenaere, & Hiller, 2018, S. 24).
- ***„Subjektiv empfundene Wirksamkeit bzw. Nachhaltigkeit (Impacts)"*** – subjektive Bewertungen der Care Leaver:innen zur langfristigen Wirksamkeit der untersuchten stationären Hilfen; die Erfassung erfolgte mithilfe einer sechsstufigen Ratingskala.
- ***„Subjektiv bewertete Zukunftsperspektive der Care Leaver:innen"*** – subjektive Bewertungen der Care Leaver:innen zu ihrer eigenen Zukunftsperspektive; die Erfassung erfolgte mithilfe einer sechsstufigen Ratingskala.

3.1.4 Statistische Analyseverfahren

Zur Analyse von Zusammenhängen, Unterschieden und Veränderungen in einzelnen Untersuchungsmerkmalen zwischen verschiedenen Gruppen bzw. unterschiedlichen Bezugszeitpunkten wurden im Rahmen der statistischen Datenauswertung in Abhängigkeit vom Skalenniveau der zu untersuchenden Daten verschiedene statistische Analyseverfahren eingesetzt.[3] Neben dem Einsatz der „klassischen" statistischen Verfahren wie χ^2-Tests (Chi-Quadrat-Test), T-Tests oder Varianzanalyse (Bortz, 1999) wurde dabei insbesondere auf das im Bereich der Jugendhilfe zwar im Allgemeinen nur selten angewendete, aber in einzelnen Studien doch bereits erfolgreich eingesetzte Verfahren der Grafischen Kettenmodelle zurückgegriffen (Klessinger, 2000; Klein, Arnold, & Macsenaere, 2011). Mithilfe dieses Verfahrens können Zusammenhangmuster zwischen unterschiedlich strukturierten Variablen analysiert und in einem gemeinsamen Modell veranschaulicht werden (Klein et al., 2011, S. 47). Durch eine systematische Gliederung der als relevant identifizierten Einflussfaktoren in zeitlich sowie inhaltslogisch aufeinanderfolgende Einflussebenen können dabei zum einen unmittelbare Wirkzusammenhänge zwischen einzelnen Faktoren analysiert werden, zum anderen sind aber über vermittelnde Variablen („Moderatorvariablen") auch indirekte Einflüsse innerhalb des Beziehungsgeflechts der untersuchten Merkmale bestimmbar (ebd., S. 48).

Im Rahmen der vorliegenden Publikation werden die Ergebnisse der statistischen Analysen nicht mit allen statistischen Kennziffern dargestellt. Die entsprechenden Werte sind vollumfänglich nachzulesen bei Klein (2021).

3.2 Design des qualitativen Studienteils

Neben dem Erkenntnisgewinn der quantitativen Forschung mit ihrem Fokus auf verallgemeinerbare Ergebnisse bezüglich Lebensbedingungen und Lebensumfeldparametern und ihren Fähigkeiten der Reduktion (Pauls, 2006) ermöglicht die qualitative, rekonstruktive Sozialforschung den Zugang zu subjektiven Deutungen, also der „anderen" komplexen Seite zwischen Theorie- und Fallorientierung (Bock & Miethe, 2010). In dieser Studie interessierten insbesondere das subjektive Erleben und reaktive Verhalten der Care Leaver:innen in ihrem jeweiligen Lebensumfeld, um die Interdependenz somatischer, psychischer und sozialer Faktoren zu erfassen. Neben

[3] Eine genaue Beschreibung der verwendeten Analyseverfahren sowie der zur Beurteilung der Bedeutsamkeit statistischer Ergebnisse herangezogener Kennziffern ist zu finden in der Studienpublikation „Care Leaver – stationäre Jugendhilfe und ihre Nachhaltigkeit" (Klein et al., 2021).

den quantitativen Daten wurden in der vorliegenden adressat:innenorientierten Studie daher auch die Erfahrungen, Wahrnehmungen und Erwartungen der Care Leaver:innen selbst erhoben und ausgewertet. Die Annäherung an die Problematik erfolgte über 20 Interviews mit Care Leaver:innen. Die Interviews wurden in Form problemzentrierter Interviews (Witzel, 1982, 2000) mit einer offenen Eingangsfrage und explorativen Erzählanstößen durchgeführt.

Die Erhebung und Auswertung erfolgte in zwei Schritten (vgl. hier und im Folgenden ausführlich Gahleitner, de Andrade, Frank, & Große, 2021). Zunächst wurden im Rahmen einer Masterarbeit (Schildt, 2018) zehn halbstrukturierte Interviews erhoben und ausgewertet. Auf Basis der in dieser Arbeit vorliegenden Ergebnisstränge wurden zehn weitere Interviews erhoben und ausgewertet. Das theoretische Sampling (Glaser & Strauss, 1998) erfolgte – so weit wie möglich – anhand der in der Masterarbeit bereits erarbeiteten Ergebnisse. In der Entwicklung des Kategoriensystems dieser letzten zehn Interviews flossen die Ergebnisstränge der Masterarbeit heuristisch in das induktiv-deduktive Wechselspiel der Auswertung (Mayring & Gahleitner, 2010) ein. Ein Interview aus der Masterarbeit allerdings wurde als Einzelfalldarstellung ausführlich in die aktuelle Auswertung einbezogen, da es Kriterien aufwies, die sich besonders gut für einen typischen gelungenen Fall veranschaulichen ließen.

Die erhobenen Interviews und Gruppendiskussionen wurden mit der Qualitativen Inhaltsanalyse nach Mayring (2000) ausgewertet, für die Berücksichtigung der adressat:innenorientierten Tiefenhermeneutik der Betroffeneninterviews wurden diese jedoch durch einen fallkontextualisierten Zwischenschritt präzisiert (Mayring & Gahleitner, 2010). Aus diesem fallkontextualisierten Zwischenschritt wurden fünf Einzelfalldarstellungen erarbeitet, die das Spektrum der befragten Care Leaver:innen mit einer Reihe verschiedener Besonderheiten angemessen repräsentieren. Jeder der fünf Einzelfälle vertritt in typischer Weise eine Gruppe weiterer Interviewter in Bezug auf die je persönlichen Erfahrungen mit dem Jugendhilfesystem, dem Care Leaver:innen-Stadium und professionellen bzw. sozialen Unterstützungserfahrungen. Auf diese Weise soll auszugsweise und beispielhaft ein lebendiger Einblick in alle geführten Interviews und die spezifischen Erfahrungen, Nöte und Bewältigungsformen der Care Leaver:innen gegeben werden. Das vorliegende Sampling enthält daher elf Interviews, von denen fünf als Einzelfälle ausführlich dargestellt sind und sechs weitere über Globalanalysen in den Gesamtvergleich miteinbezogen wurden.

In der Erläuterung des methodischen Vorgehens soll auch auf das oftmals befürchtete Risiko eingegangen werden, im Jugendhilfebereich mit häufig früh verletzten Klient:innen Forschung durchzuführen. Solche Probleme galt es, reflektiert auszubalancieren. Alle Interviewer:innen stammten aus beratenden und sozialtherapeutisch arbeitenden Arbeitsfeldern und hatten sich zudem als Gesamtgruppe einer Interviewschulung für früh verletzte Klient:innen unterzogen. Care Leaver:innen, die sich belastet fühlten, konnten das Interview zu jedem Zeitpunkt beenden und beratende Hilfen in Anspruch nehmen – selbstverständlich auch im Nachhinein. Daten und Fakten aus den Interviews, die zu einer Identifizierung der Care Leaver:innen führen könnten, wurden entfernt oder verändert. Auch in diesem Projekt – ähnlich vorangegangenen Projekten – konnte dadurch nicht nur eine Minimierung des Risikos, sondern auch die Ermöglichung völlig gegensätzlicher Erfahrungen für die Interviewten beobachtet werden: Heilungsfördernde und positive Effekte durch die narrativ angelegten Interviews waren im Verlauf des Projekts keine Seltenheit (Bar-On, 1996; Gahleitner, 2002).

4 Quantitative Ergebnisse

Im Folgenden werden zentrale Ergebnisse der im Rahmen der Studie durchgeführten quantitativen Untersuchung dargestellt. Eine umfassende Ergebnisdarstellung ist nachzulesen in Klein, Macsenaere, & Hiller (2021).

4.1 Lebenssituation der Care Leaver:innen bei Abschluss der stationären Hilfe

4.1.1 Alter bei Hilfeende

Bei Beendigung ihrer letzten stationären Hilfe hatten die untersuchten Care Leaver:innen ein durchschnittliches Alter von 18,5 Jahren. Dabei wurde ca. ein Drittel der Hilfen (34 %) vor dem 18. Geburtstag beendet. Unter Berücksichtigung eines Toleranzbereichs von einem Monat Nachlaufzeit führt der 18. Geburtstag den vorliegenden Daten zufolge damit für 39 % der betroffenen jungen Menschen zu einem markanten Einschnitt im Verlauf ihrer (stationären) Hilfebiografie.

4.1.2 Schulische/berufliche Ausbildung

Knapp zwei Drittel der jungen Menschen (66 %) haben am Ende ihrer letzten stationären Hilfe einen Schulabschluss erreicht, wobei der Anteil bei den Care Leaver:innen mit Fluchterfahrung mit rund 50 % signifikant niedriger ausfällt. Rund 60 % haben dabei einen (Qualifizierenden) Hauptschulabschluss, etwas mehr als ein Viertel (29 %) einen Realschulabschluss erlangt. Mit knapp 8 % fällt der Anteil an Care Leaver:innen mit (Fach-)Hochschulreife insgesamt sehr gering aus. Dieses Ergebnis deckt sich mit den Erkenntnissen anderer Care Leaver:innen-Studien, denen zufolge der Bereich der Bildung in Hilfen zur Erziehung oftmals nicht als unmittelbare Kernaufgabe gesehen wird: Der „Fokus auf den erzieherischen Bedarf überlagert den Blick auf Potentiale, die Bildungserfolge für Care Leaver haben könnten" (Sievers et al., 2014, S. 27). Nicht selten stellt sich mit der erfolgreichen Bewältigung basaler schulischer oder beruflicher Ausbildungsanforderungen bereits eine gewisse Zufriedenheit bei allen Hilfebeteiligten ein, die ein höheres Maß an Motivation und Anstrengungsbereitschaft zur Erlangung eines höheren Bildungsabschlusses verhindert (Karpenstein, Thomas, & Schmidt, 2016).

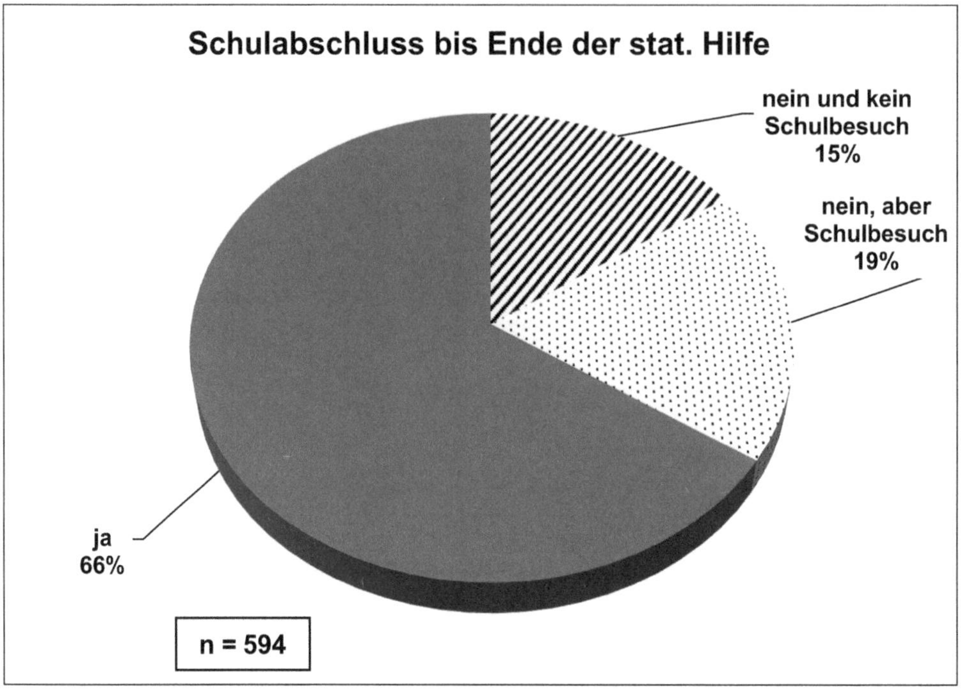

Abbildung 3: Schulabschluss bei Abschluss der stationären Hilfe, Klein, Macsenaere & Hiller (2021, S. 92).

Dabei hängt die schulische Situation der jungen Menschen statistisch nachweisbar mit der Art der Beendigung der Hilfe zusammen. Wenn die Hilfe planmäßig bis zum vorgesehenen Ende durchgeführt wurde, haben die jungen Menschen bis zum Hilfeabschluss meistens (85 %) entweder einen Schulabschluss erreicht oder befanden sich noch in schulischer Ausbildung. Wurde die Hilfe jedoch vorzeitig abgebrochen, so war knapp ein Viertel dieser jungen Menschen (23 %) bei Hilfeende in Bezug auf ihre schulische Situation in einer kritischen Lage, d. h. sie hatten weder einen Abschluss noch besuchten sie eine schulische Ausbildungsstätte.

4.1.3 Grundbefähigungen und Verwirklichungsmöglichkeiten (Capabilities)

Die als Ausdruck gesellschaftlicher Verwirklichungsmöglichkeiten erfassten Capabilities werden für den Zeitpunkt der Beendigung der stationären Hilfe von den Care

Leaver:innen selbst in den unterschiedlichen Bereichen sehr differenziert bewertet. Am besten ausgeprägt sind dabei die Bereiche „Werte/Ethik“ sowie „Eigenständigkeit und Teilhabe“. Auch im Bereich des Soziallebens („Soziale Fähigkeiten“ bzw. „Zusammenleben mit anderen“) zeigen sich im Schnitt sehr hohe Bewertungen. Die eigenen individuellen Fähigkeiten und Schutzfaktoren zur Bewältigung von Stress- bzw. Belastungssituationen werden dagegen von den Care Leaver:innen durchschnittlich am geringsten eingeschätzt.

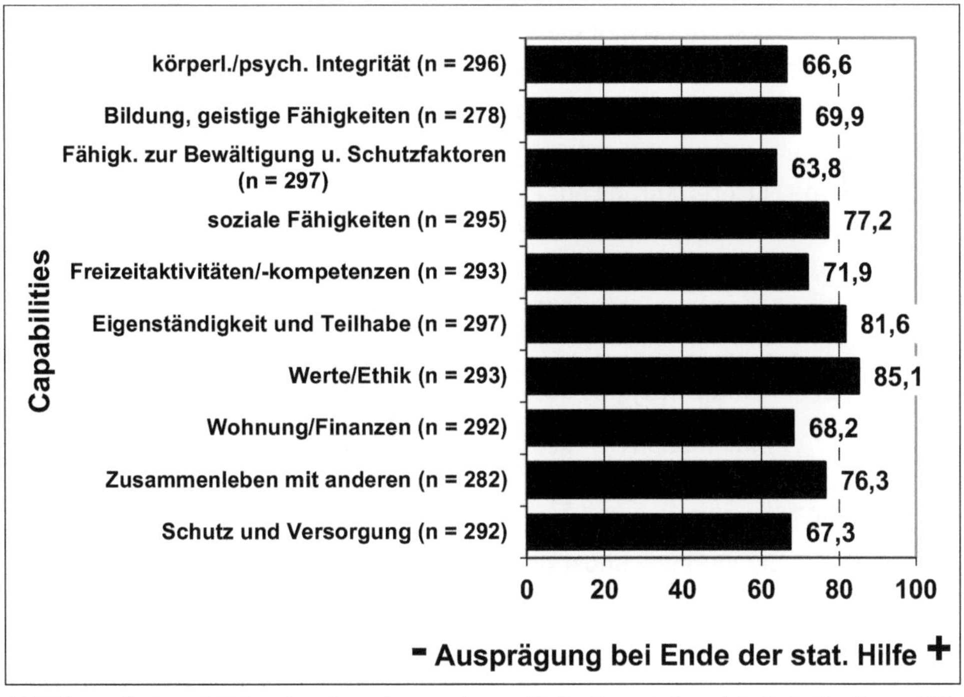

Abbildung 4: Capabilities der Care Leaver:innen (Selbstbeurteilung) bei stationärem Hilfeende, Klein, Macsenaere & Hiller (2021, S. 93).

4.1.4 Vorbereitende Maßnahmen für die Zeit nach Beendigung der stationären Hilfe

Für knapp 80 % der Care Leaver:innen wurden im Zeitraum der stationären Hilfedurchführung konkrete Maßnahmen zur Vorbereitung auf die Zeit nach deren Beendigung durchgeführt. Bei plangemäßer Hilfedurchführung bis zu einem abgestimmten Hilfeende liegt dieser Anteil bei rund 90 %. Auch die Frage der Fluchterfahrung spielt in diesem Zusammenhang eine bedeutsame Rolle: Junge Geflüchtete erhielten häufiger vorbereitende Maßnahmen, die auch in einer größeren Anzahl an Themenbereichen stattfanden.

Die Vorbereitung auf die Zeit nach der stationären Hilfe bezog sich am häufigsten auf die Bewältigung des Alltags (73 %). Konkrete Maßnahmen zur Vorbereitung auf die komplexe und z. T. undurchsichtige rechtliche Situation von Care Leaver:innen nach Hilfeende erfolgten dagegen in weniger als der Hälfte der untersuchten Hilfen (46 %). Dabei zeigen sich in diesem Bereich erhebliche Unterschiede zwischen jungen Menschen mit und ohne Fluchthintergrund: Während bei den geflüchteten jungen Menschen fast drei Viertel (74 %) vorbereitende Unterstützungsmaßnahmen im Zusammenhang mit ihrer rechtlichen Situation erhielten, waren es bei den Care Leaver:innen ohne Fluchterfahrung nur etwas mehr als ein Drittel (36 %).

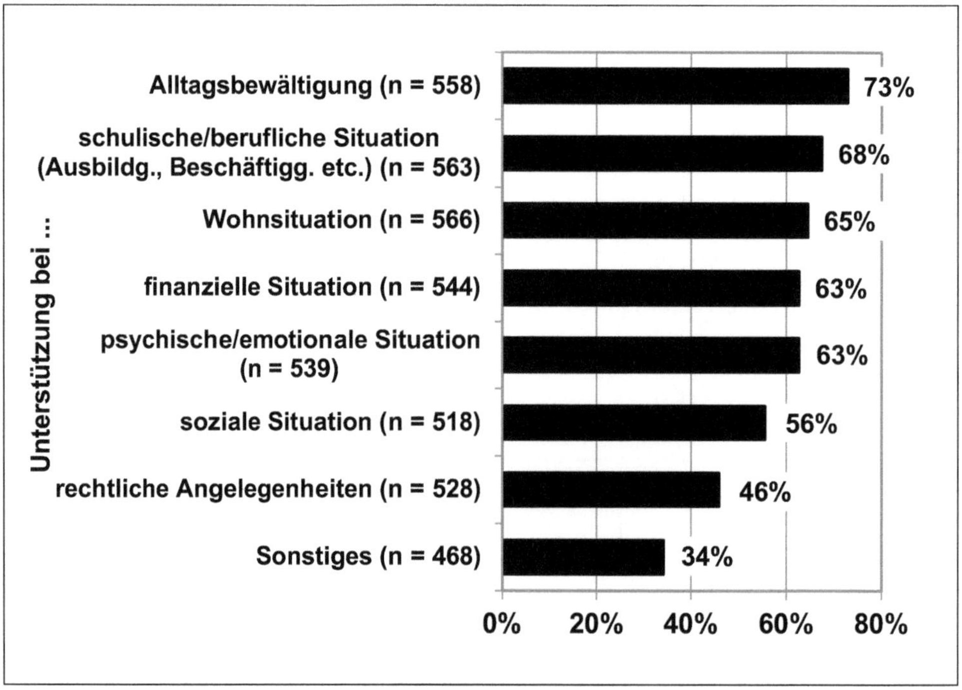

Abbildung 5: Arten vorbereitender Maßnahmen für die Zeit nach Hilfebeendigung (Rangliste nach relativer Häufigkeit), eigene Darstellung in Anlehnung an Klein, Macsenaere & Hiller (2021, S. 85).

Die Gesamtbewertung der Vorbereitung für die Zeit nach Hilfebeendigung durch die befragten Care Leaver:innen fällt überwiegend positiv aus. Rund zwei Drittel bewerten die durchgeführten Maßnahmen insgesamt als weitgehend gut oder sogar sehr gut. Allerdings gibt auch knapp jede:r fünfte Care Leaver:in (17 %) an, dass die konkreten vorbereitenden Maßnahmen mehr oder weniger schlecht waren.

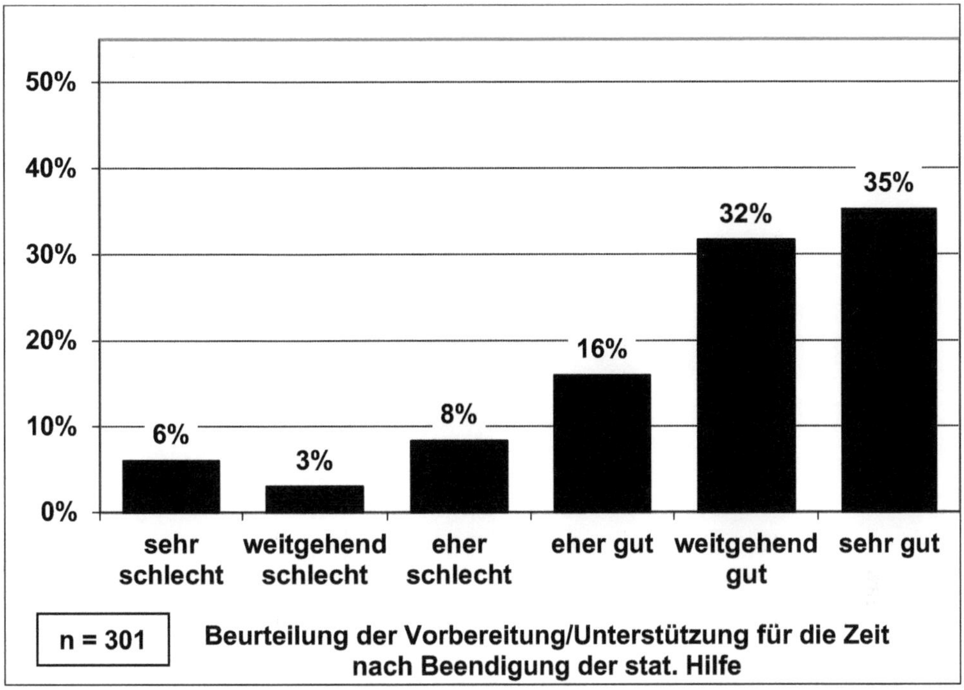

Abbildung 6: Gesamtbewertung der Vorbereitung auf die Zeit nach Beendigung der stationären Hilfe durch die Care Leaver:innen, Klein, Macsenaere & Hiller (2021, S. 87).

4.1.5 Planungen für die Zeit nach Beendigung der stationären Hilfe

In knapp 89 % der Hilfen wurde eine Planung für die Zeit nach Beendigung der letzten stationären Hilfe durchgeführt. Im Rahmen planmäßig beendeter Hilfen fällt dieser Anteil noch einmal statistisch signifikant höher aus als in unplanmäßig abgebrochenen Hilfen (91 % vs. 78 %). Rund zwei Drittel der Care Leaver:innen (66 %) wurden dabei in hohem Maße an den Planungen beteiligt. Dementsprechend ist allerdings für jeden dritten jungen Menschen keine (hinreichend) partizipativ gestaltete Hilfeplanung erfolgt.

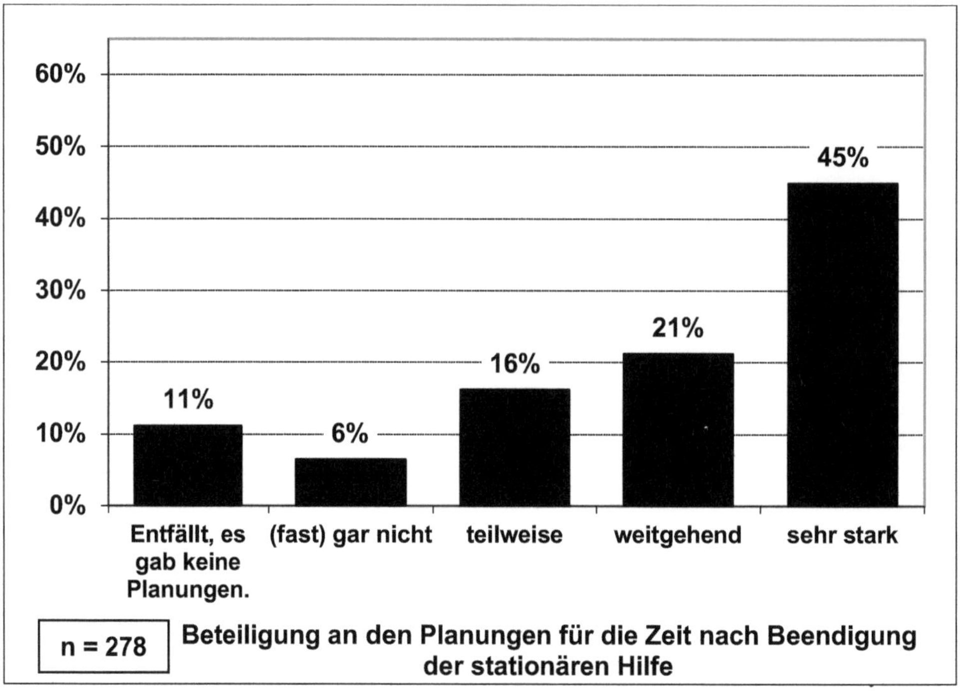

Abbildung 7: Beteiligung der Care Leaver:innen an den Planungen für die Zeit nach Beendigung der stationären Hilfe, Klein, Macsenaere & Hiller (2021, S. 90).

4.2 Lebenssituation der Care Leaver:innen nach Abschluss der stationären Hilfe

4.2.1 Wohnort der jungen Menschen nach Beendigung der stationären Hilfe

Mehr als zwei Drittel der Care Leaver:innen wohnten in der Anfangszeit nach Beendigung ihrer letzten stationären Hilfe in einer eigenen Wohnung. Lediglich rund 12 % zogen zurück zu ihren leiblichen Eltern (bzw. zu einem Elternteil).

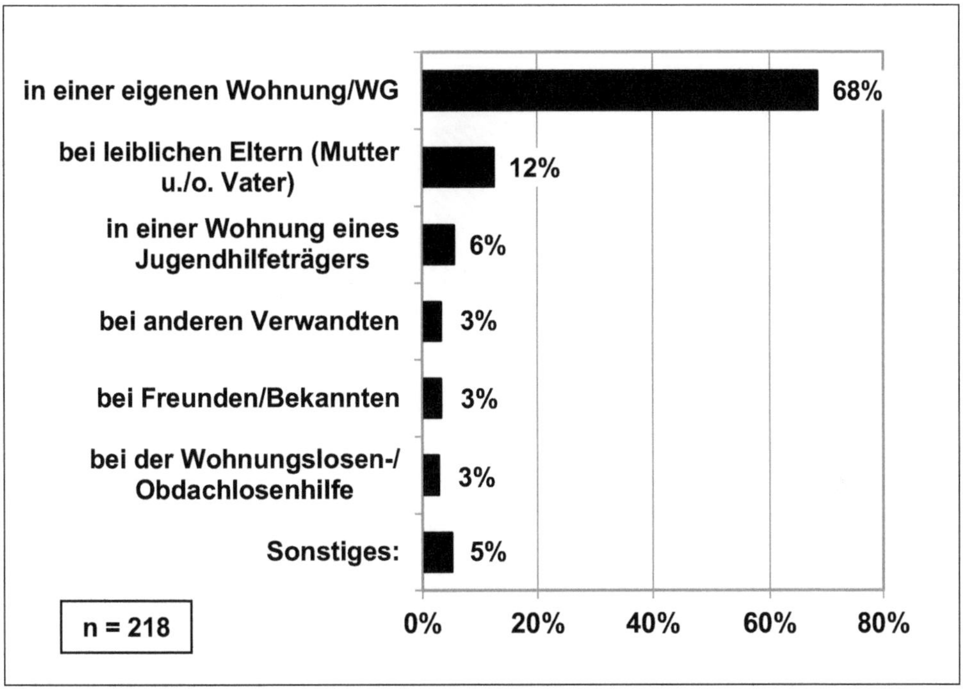

Abbildung 8: Wohnort im ersten halben Jahr nach Beendigung der stationären Hilfe, eigene Abbildung mit angepassten Berechnungen, urspr. Klein, Macsenaere & Hiller (2021, S. 95).

4.2.2 Kontakte zur ehemaligen durchführenden Einrichtung der stationären Hilfe

Rund drei Viertel der Care Leaver:innen hatten auch nach Beendigung ihrer stationären Hilfe weiterhin Kontakt zu ihrer früheren Einrichtung.

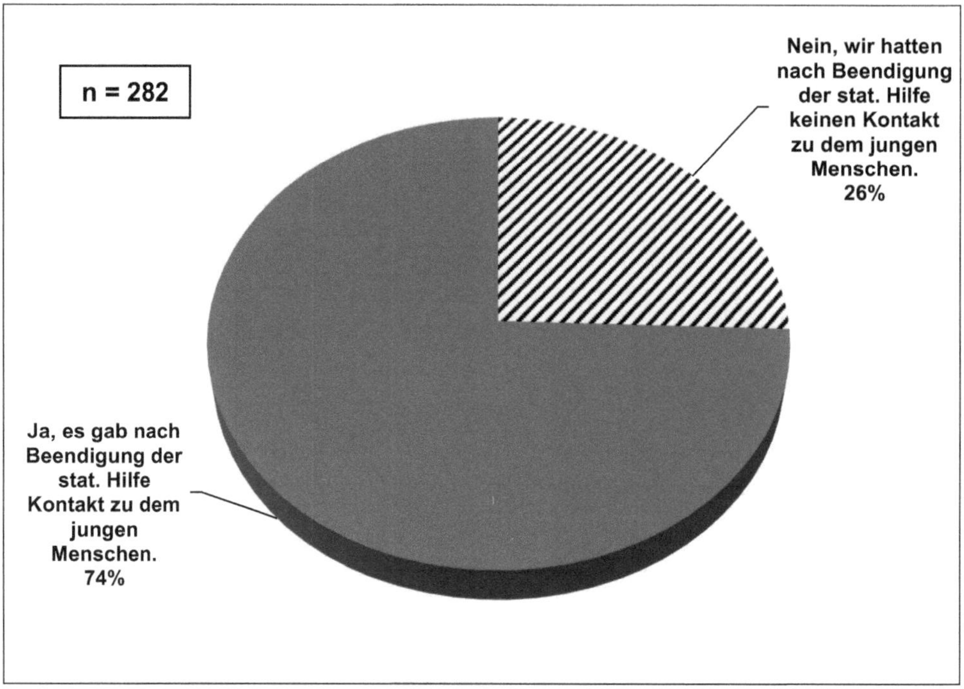

Abbildung 9: Kontakte zu Care Leaver:innen nach Beendigung der stationären Hilfe, Klein, Macsenaere & Hiller (2021, S. 96).

Dabei erfolgte die Kontaktaufnahme in der Regel vonseiten des jungen Menschen aus, vorwiegend in Form von Besuchen, Anrufen oder Nachrichten ohne konkreten Anlass (sporadisch: 59 %; regelmäßig: 27 %). Kontakte mit konkretem Anlass, bei denen sich die Care Leaver:innen nach Hilfeende noch einmal mit einem bestimmten Anliegen an ihre alte Einrichtung wendeten, gab es lediglich in 20 % der erfassten Hilfen. Knapp 40 % der jungen Menschen wurden dagegen von der Einrichtung zu Ehemaligentreffen eingeladen und bei knapp einem Drittel der Care Leaver:innen (32 %) haben Mitarbeiter:innen der Einrichtung ohne finanzierten Auftrag durch das Jugendamt von sich aus regelmäßig Kontakt gehalten.

4.2.3 Krisen

Mehr als 60 % der Care Leaver:innen geben an, dass sie nach Beendigung ihrer letzten stationären Hilfe mindestens einmal eine schwere, von ihnen persönlich als sehr bedrohlich erlebte Krise durchleben mussten. Bei mehr als einem Drittel der jungen Menschen (37 %) kam es sogar mehrmals zu solchen besonders belastenden Situationen, wobei die erste davon meistens (62 %) bereits im ersten Jahr nach Hilfeende auftrat. Als häufigste Krisenursache gaben die Care Leaver:innen dabei Probleme in der Schule bzw. in Ausbildung und Beruf (46 %) an.

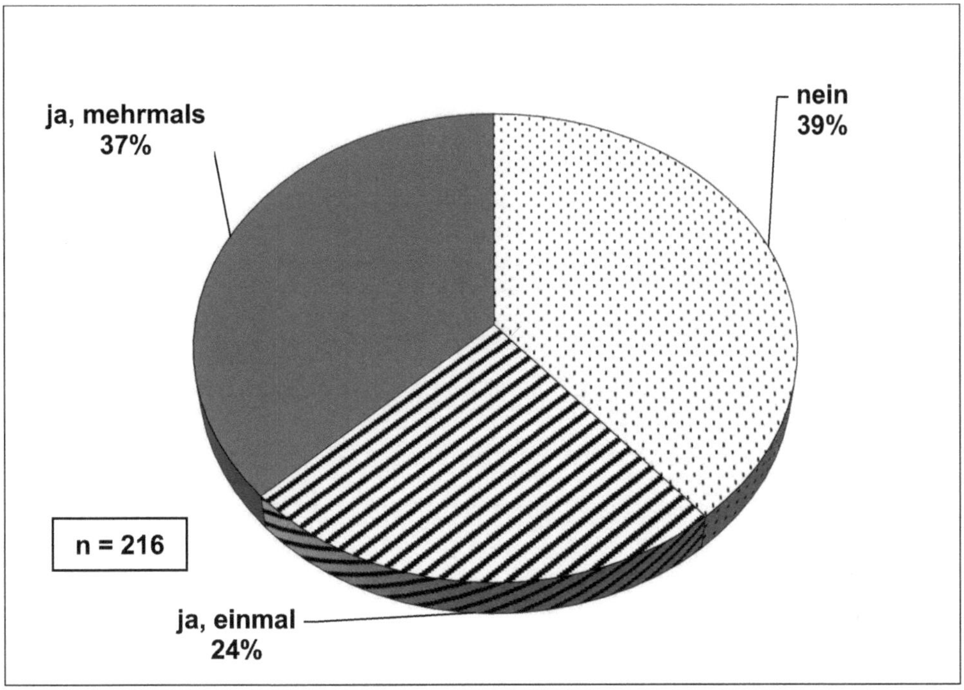

Abbildung 10: Krisen in der Zeit nach Beendigung der stationären Hilfe, Klein, Macsenaere & Hiller (2021, S. 105).

4.2.4 Ambulante Betreuung nach Beendigung der stationären Hilfe

Rund zwei Drittel der Care Leaver:innen wurden nach Beendigung ihrer stationären Hilfe von einer Jugendhilfeeinrichtung ambulant nachbetreut – mit einer durchschnittlichen Hilfedauer von knapp 1,5 Jahren und einem durchschnittlichen Betreuungsumfang von rund acht Stunden pro Woche. Dabei wurde diese Nachbetreuung zumeist (88 %) von der Einrichtung durchgeführt, die auch schon für die stationäre Hilfe verantwortlich war. Bei den im Rahmen dieser ambulanten Hilfen erbrachten

Unterstützungsleistungen ging es am häufigsten um die Wohnsituation sowie die finanzielle Lage der jungen Menschen. Am seltensten wurden – ähnlich wie schon innerhalb des stationären Settings – konkrete unterstützende Maßnahmen in rechtlichen Angelegenheiten durchgeführt.

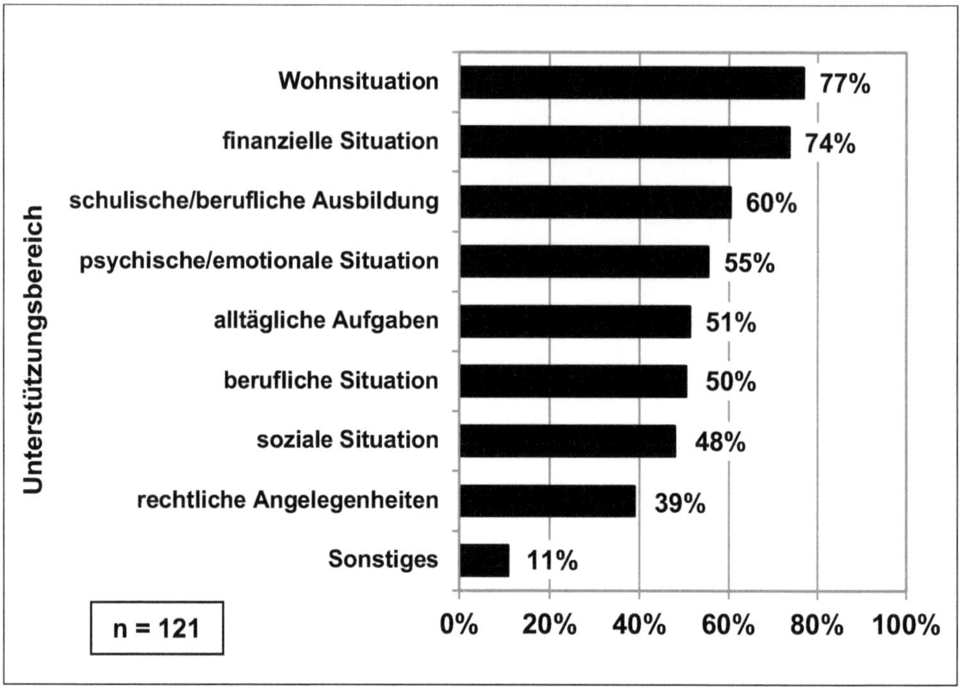

Abbildung 11: Bereiche unterstützender Maßnahmen in der ambulanten Nachsorge, Klein, Macsenaere & Hiller (2021, S. 97).

Die Kooperation zwischen Fachkräften und Care Leaver:innen funktioniert im Rahmen der ambulanten Hilfen insgesamt weitgehend gut. Insbesondere die Beziehungsgestaltung zwischen jungem Menschen und ambulanter Fachkraft wird dabei den Untersuchungsergebnissen zufolge als ausgesprochen positiv wahrgenommen.

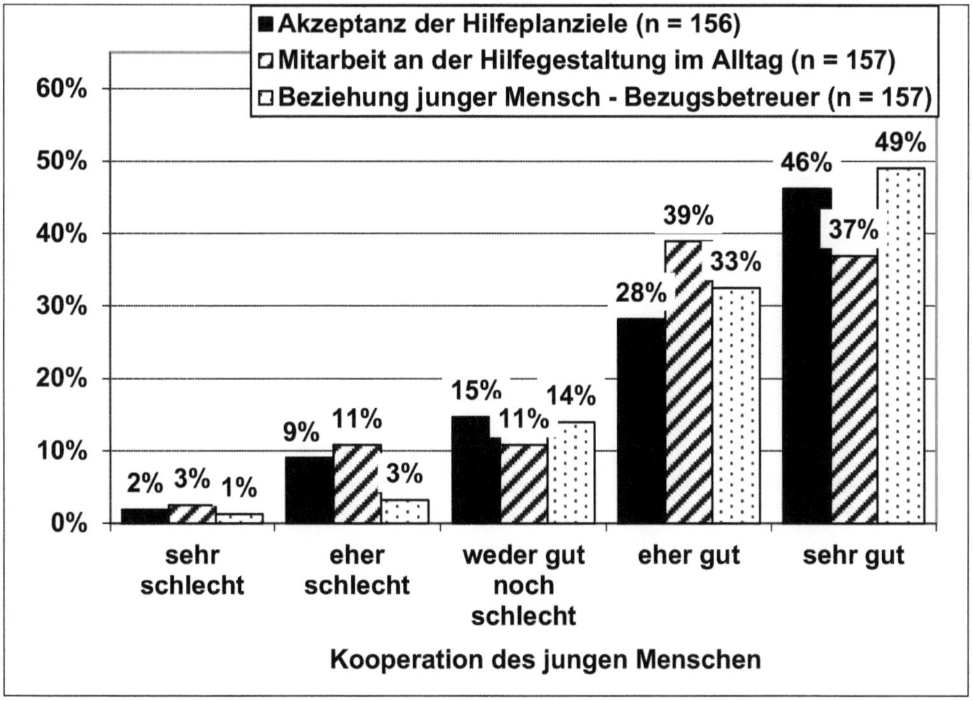

Abbildung 12: Kooperation des jungen Menschen innerhalb der ambulanten Nachsorge, Klein, Macsenaere & Hiller (2021, S. 99).

4.2.5 Effektivität der ambulanten Nachbetreuung

Die Betrachtung der Gesamtentwicklung der individuellen Grundbefähigungen und Verwirklichungsmöglichkeiten der Care Leaver:innen zeigt über die Gesamtdauer der ambulanten Nachbetreuung von durchschnittlich rund 16 Monaten hinweg einen statistisch signifikanten Zuwachs. Besonders große Effekte zeigen sich dabei in den untersuchten Teilbereichen „Eigenständigkeit und Teilhabe“, „Werte/Ethik“ und „Schutz und Versorgung“.

Mehr als 90 % der Care Leaver:innen geben an, dass ihnen die ambulante Unterstützung nach Beendigung ihrer stationären Hilfe insgesamt geholfen hat. Knapp 70 % berichten sogar, dass ihnen dadurch sehr viel geholfen wurde. Dementsprechend fällt die subjektive Bewertung der ambulanten Nachbetreuung insgesamt ebenfalls sehr positiv aus: Rund 83 % der jungen Menschen beurteilen sie als weitgehend gut oder sogar sehr gut.

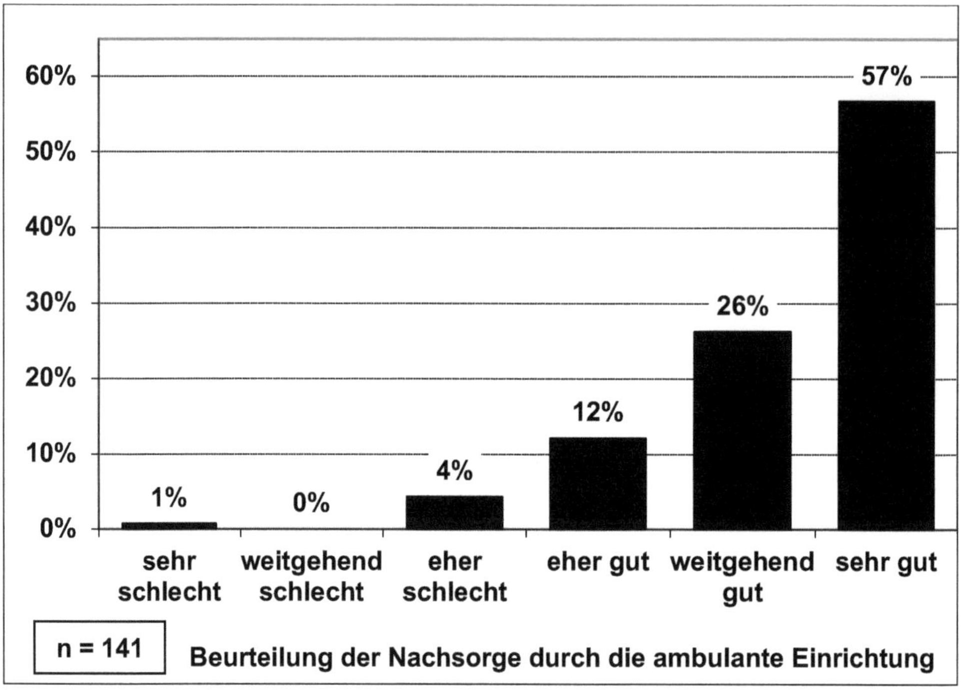

Abbildung 13: Beurteilung der ambulanten Nachsorge durch die Care Leaver:innen, Klein, Macsenaere & Hiller (2021, S. 92).

Die Durchführung einer ambulanten Nachbetreuung wird den Studienergebnissen zufolge insgesamt betrachtet sowohl vonseiten der pädagogischen Fachkräfte als auch von den Care Leaver:innen selbst als wirksame und wichtige Unterstützung für das Leben nach Abschluss einer stationären Hilfe zur Erziehung wahrgenommen bzw. bewertet.

4.3 Wirkfaktoren für eine gelingende Nachhaltigkeit stationärer Hilfen zur Erziehung

Im Rahmen der umfangreichen statistischen Wirkfaktorenanalyse wurden zahlreiche Prozess- und Ergebnismerkmale von stationären sowie ambulanten Hilfen zur Erziehung auf ihren potenziellen Einfluss für den Lebensverlauf von Care Leaver:innen untersucht. Im Folgenden werden die dabei ermittelten zentralen Aspekte dargestellt, die zur Unterstützung der nachhaltigen Wirksamkeit stationärer Hilfen und damit einer möglichst positiven biografischen Entwicklung von Care Leaver:innen nach Beendigung ihrer stationären Hilfe beitragen (Klein, 2021):

4.3.1 Qualität und Vielfalt der Übergangsvorbereitung

Die Qualität der im Rahmen der stationären Hilfe durchgeführten Maßnahmen zur Vorbereitung auf die Zeit nach deren Beendigung hat signifikante Auswirkungen auf die langfristige Wirksamkeit der betreffenden Hilfen. Dabei zeigen sich die vorbereitenden Maßnahmen nicht nur global betrachtet als hoch wirksam, sondern auch die Vielfalt der dabei behandelten Themen wirkt sich langfristig positiv auf die weitere Entwicklung der jungen Menschen aus. Darüber hinaus hat aber im Besonderen auch die Qualität der spezifischen Förderung im Teilbereich schulische bzw. berufliche Ausbildung einen deutlichen Einfluss auf die Nachhaltigkeit der stationären Hilfen. Hier zeigt sich demnach die besonders große Bedeutung von schulischer bzw. beruflicher Ausbildung für Care Leaver:innen im Sinne einer möglichst guten Ausgangslage für den weiteren selbständigen Lebensweg.

Eine qualitativ hochwertige und vielfältige Vorbereitung hat aber auch einen nachweisbaren Einfluss auf die Effizienz der Durchführung der ambulanten Nachbetreuung: Eine gute Qualität und Vielfalt der Vorbereitung stehen den Untersuchungsergebnissen zufolge sowohl in nachweisbarem Zusammenhang mit einem geringeren Unterstützungsumfang als auch mit einer höheren Effektivität der durchgeführten Nachsorgemaßnahmen. Über die Kombination dieser beider Ergebnisse (höhere Effektivität bei geringerem Aufwand) ergibt sich der belegbare Schluss, dass eine hohe Qualität und Vielfalt stationärer Vorbereitungsmaßnahmen für Care Leaver:innen eine nachweisbare Steigerung der Effizienz der ambulanten Nachsorge bewirken.

Aus den Untersuchungsergebnissen lässt sich demzufolge empirisch begründbar die Forderung nach einer möglichst umfangreichen bzw. vielfältigen und qualitativ hochwertigen Durchführung vorbereitender Maßnahmen für die Zeit nach Beendigung der stationären Hilfe ableiten.

Neben den Ergebnissen wissenschaftlicher Untersuchungen können dabei auch einrichtungs- bzw. regional übergreifende Netzwerke zum fachlichen Austausch bestehender konzeptioneller Ansätze sowie gut funktionierender Praxis einen wichtigen Beitrag leisten, um die eigene pädagogische Arbeit mit Care Leaver:innen evidenzbasiert weiterzuentwickeln.

4.3.2 Qualität von Beziehungs- bzw. Bindungsgestaltung

Der gelingende Aufbau und die Qualität tragfähiger und dauerhaft bestehender Beziehungen von jungen Menschen zu mindestens einer Bezugsperson stellen eine Schlüsselkategorie für die Effektivität von stationären Hilfen innerhalb des Hilfeverlaufs dar (Macsenaere & Esser, 2015). Darüber hinaus beeinflussen sie aber auch nachweisbar deren langfristige Wirksamkeit über das Hilfeende hinaus (Gahleitner, 2020). Dieser Zusammenhang zeigt sich zum einen im statistisch signifikanten Einfluss der Beziehungsqualität zur Hauptbezugsperson innerhalb der stationären Hilfe auf die Bewertung ihrer Nachhaltigkeit. Zum anderen fällt auch die Effektivität ambulanter Nachbetreuungsmaßnahmen höher aus, wenn diese Maßnahmen durch die Einrichtung durchgeführt werden, die zuvor schon für die stationäre Hilfedurchführung verantwortlich war.

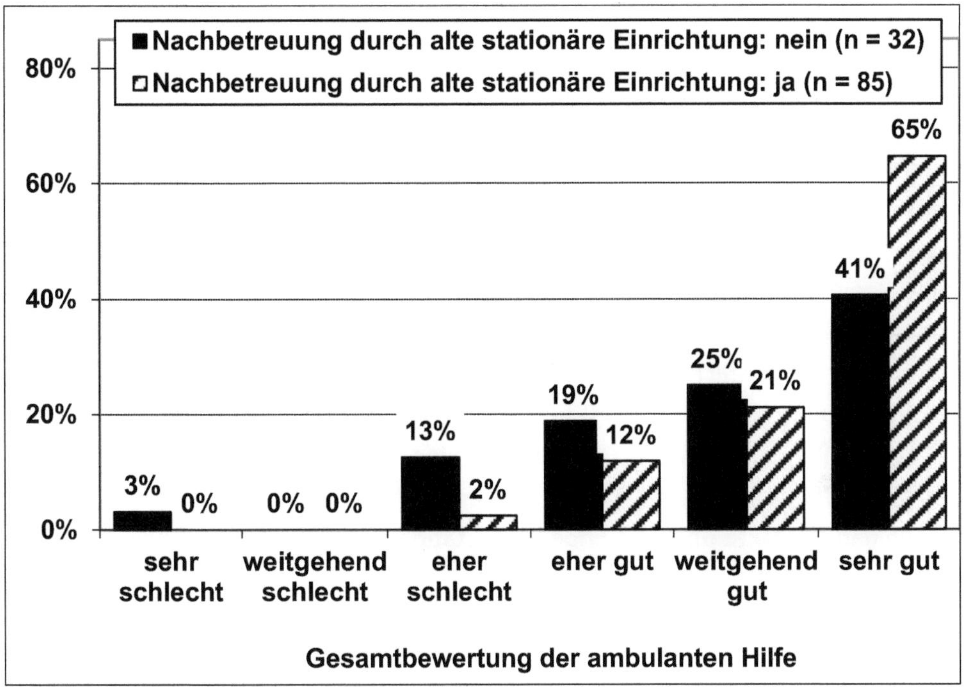

Abbildung 14: Gesamtbewertung der ambulanten Hilfe in Abhängigkeit von der durchführenden Einrichtung, Klein, Macsenaere & Hiller (2021, S. 128).

Persönliche Beziehungen bzw. Bindungen, die sich bei den Care Leaver:innen entwickelt haben, können so auch über das stationäre Hilfeende hinaus weiter wirksam bleiben.

Außerdem kommt hier auch der mit der Beziehungsgestaltung in engem Zusammenhang stehende Aspekt der Beheimatung nachhaltig zum Tragen. Mit einer stärkeren Ausprägung dieses Gefühls der Heimat ist bei den befragten Care Leaver:innen eine unmittelbare Steigerung der von ihnen subjektiv wahrgenommenen Nachhaltigkeit der stationären Hilfen verbunden.

Der Aufbau tragfähiger und langfristig stabiler Beziehungen sowie die Vermittlung eines Gefühls von Beheimatung sind dementsprechend nicht nur im Hinblick auf eine möglichst hohe kurzfristige Effektivität von stationären Hilfen bis zu deren Hilfeende von besonderer Bedeutung, sondern sie werden auch zu einem wichtigen

Erfolgskriterium in Bezug auf eine gelingende Nachhaltigkeit einer stationären Hilfe und sollten daher grundsätzlich immer als ein zentrales konzeptionelles Ziel jeder stationären Hilfe festgelegt werden.

Diese hohe Bedeutung des Erhalts stabiler Beziehungen kommt auch im Abschlussbericht des Begleitprozesses zur SGB VIII-Reform „Mitreden – Mitgestalten: Die Zukunft der Kinder- und Jugendhilfe" zum Ausdruck, in dem es heißt: „Im Zusammenhang mit Beendigungsprozessen von Hilfen gilt es, jungen Menschen ein möglichst hohes Maß an Stabilität und emotionaler Sicherheit zu vermitteln, um so Brüche und Unsicherheiten hinsichtlich der weiteren Lebensperspektive und der Stabilität der Beziehungen zu vermeiden" (BMFSFJ, 2020a, S. 32). Dementsprechend sollten im Angebotsportfolio der Hilfen zur Erziehung verbindliche strukturelle Rahmenbedingungen geschaffen werden, die es Care Leaver:innen ermöglichen, persönliche Beziehungen und Kontakte über das Ende einer stationären Hilfe hinaus aufrechtzuerhalten.

4.3.3 Hilfeeffektivität – insbesondere Grund- bzw. Handlungsbefähigung

Die Nachhaltigkeit stationärer Hilfen steht den Untersuchungsergebnissen zufolge auch in engem Zusammenhang mit der Effektivität der Hilfen bis zu deren Hilfeende: Je größer die erzielten Hilfeerfolge ausfallen, d. h. je besser sich die Situation der jungen Menschen bei deren Beendigung gestaltet, desto stärker wirkt sich die Hilfe dann auch langfristig auf die weitere Entwicklung der Care Leaver:innen aus (Klein, 2021, S. 120 ff.). Besonders deutlich wird dieser nachhaltige Einfluss bei Betrachtung der individuellen Grundbefähigungen und Verwirklichungsmöglichkeiten (Capabilities): Bessere Ausprägungen bei Ende der stationären Hilfe machen sich hier bei den Care Leaver:innen auch noch lange Zeit später durch eine signifikant bessere Gesamtsituation und damit eine bessere Grundlage für eine gelingende gesellschaftliche Teilhabe bemerkbar.

Die Effektivität der stationären Hilfedurchführung in Form höherer Ausprägungen der Capabilities bei Hilfeende steht darüber hinaus sowohl insgesamt betrachtet als auch in verschiedenen spezifischen Teilbereichen in positivem Zusammenhang mit einer höheren Wirksamkeit durchgeführter ambulanter Nachsorgemaßnahmen (ebd.). Besser ausgeprägte Capabilities bei stationärem Hilfeende führen demnach direkt oder indirekt zu einer verbesserten Effektivität der Nachbetreuung und wirken sich damit mittelbar noch einmal zusätzlich auf die Nachhaltigkeit stationärer Hilfen sowie die Zukunftsperspektive der Care Leaver:innen aus.

Die zahlreich erkennbaren Einflüsse der Effektivität der stationären Hilfedurchführung auf eine gelingende Nachhaltigkeit zeigen, dass Erfolge innerhalb einer stationären Hilfe nicht nur kurzfristig im Hinblick auf die Situation bei Hilfeende bedeutsam sind, sondern dass durch sie auch das weitere Leben der betroffenen jungen Menschen langfristig über die stationäre Hilfedurchführung hinaus positiv beeinflusst wird. Vor diesem Hintergrund erhalten auch Konzepte zur wirkungsorientierten Hilfesteuerung bzw. zur evidenzbasierten Steigerung der Hilfeeffektivität eine besondere, über den reinen Hilfezeitraum hinausgehende Bedeutung (Macsenaere & Knab, 2004; Macsenaere & Esser, 2015).

4.3.4 Art der Hilfebeendigung und Abschiedsgestaltung sowie partizipative Zukunftsplanung

Die Planmäßigkeit der Hilfebeendigung spielt empirischen Studien zufolge einerseits im Hinblick auf die Effektivität stationärer Hilfen innerhalb des Hilfeverlaufs eine entscheidende Rolle (Macsenaere & Esser, 2015), andererseits hat sie nachweisbar aber auch langfristige Auswirkungen auf die Entwicklung von jungen Menschen über den Zeitraum ihrer stationären Hilfe hinaus. So zeigt sich in den vorliegenden Untersuchungsergebnissen u. a. ein unmittelbarer Einfluss auf die Gesamtausprägung der individuellen Grundbefähigungen und Verwirklichungsmöglichkeiten (Capabilities) der Care Leaver:innen noch lange Zeit nach Ende ihrer stationären Hilfe: Bei planmäßiger Beendigung fällt der Gesamtwert nicht nur unmittelbar bei Hilfeende, sondern auch durchschnittlich 5,5 Jahre später noch immer signifikant besser aus als im Falle eines (vorzeitigen) Hilfeabbruchs.

Die Planmäßigkeit der Hilfedurchführung hat darüber hinaus aber auch einen nachweisbar positiven Einfluss auf die generelle Bewertung des nachhaltigen Erfolgs stationärer Hilfen: Planmäßig beendete Hilfen werden von den Care Leaver:innen signifikant besser beurteilt als abgebrochene Hilfen. Beeinflusst wird diese Beurteilung zudem durch eine ausgiebige und breit gefächerte Gestaltung des Abschieds, z. B. in Form von Abschiedsessen, Ausflügen o. Ä. (Schildt, 2021). Ein Mehr an ernsthafter Initiative vonseiten der stationären Einrichtung führt hier zu einer signifikant besseren Bewertung der von den Care Leaver:innen subjektiv wahrgenommenen Nachhaltigkeit der durchgeführten Hilfen. Neben diesen direkten Einflüssen wirkt sich die Art der stationären Hilfebeendigung auch mittelbar über den Umweg der Durchführung ambulanter Nachbetreuungsmaßnahmen auf die nachhaltige Wirksamkeit einer stationären Hilfe aus: Mit einer planmäßigen Beendigung steigt die Wahrscheinlichkeit zur Durchführung einer ambulanten Nachbetreuung, was sich dann wiederum positiv auf die Nachhaltigkeit der stationären Hilfe auswirkt.

Im Kontext der stationären Hilfebeendigung zeigt sich darüber hinaus auch die Partizipation als besonders bedeutsamer Wirkfaktor: Mit einem höheren Grad an Beteiligung der jungen Menschen an den Planungen für die Zeit nach Hilfeende wächst auch das Ausmaß der nachhaltigen Wirksamkeit der untersuchten stationären Hilfen signifikant an. Dementsprechend sollte am Ende einer stationären Hilfe – sowohl bei planmäßiger als auch bei unplanmäßiger Hilfebeendigung – obligatorisch eine partizipativ gestaltete (Lebens-)Planung für die Zeit nach Hilfeende vorgenommen werden. Aus diesem Grund stellt die im Rahmen der SGB VIII-Reform beschlossene Stärkung von Partizipation junger Menschen an Hilfeplanungsprozessen (DIJuF, 2020, S. 6 f.) auch im Zusammenhang mit dem Themenbereich „Leaving Care“ einen wichtigen Schritt für nachhaltige Verbesserungen innerhalb der stationären Hilfen zur Erziehung dar.

Die Untersuchungsergebnisse zeigen, dass der Formung des Endes einer stationären Hilfe sowie der damit verbundenen Abschiedsgestaltung und Zukunftsplanung für die betroffenen Care Leaver:innen eine besonders große Bedeutung zukommt. Hier sollten dementsprechend an den Bedürfnissen und Wünschen der jungen Menschen orientierte und individuell geplante Angebote bzw. Aktivitäten obligatorisch in die Konzepte der Übergangsgestaltung von stationären Hilfen aufgenommen werden, um dem Abschied aus der oftmals langjährig als Zuhause erlebten Einrichtung eine nachhaltig positive Wirkung zu verleihen.

4.3.5 Qualifizierte und bedarfsorientierte Nachbetreuung

Die Nachhaltigkeit stationärer Hilfen wird sehr stark dadurch beeinflusst, ob eine ambulante Nachbetreuung durchgeführt wird oder nicht. Wenn eine solche Nachsorge stattgefunden hat, fallen die Bewertungen zur Nachhaltigkeit der untersuchten stationären Hilfen nachweisbar positiver aus.

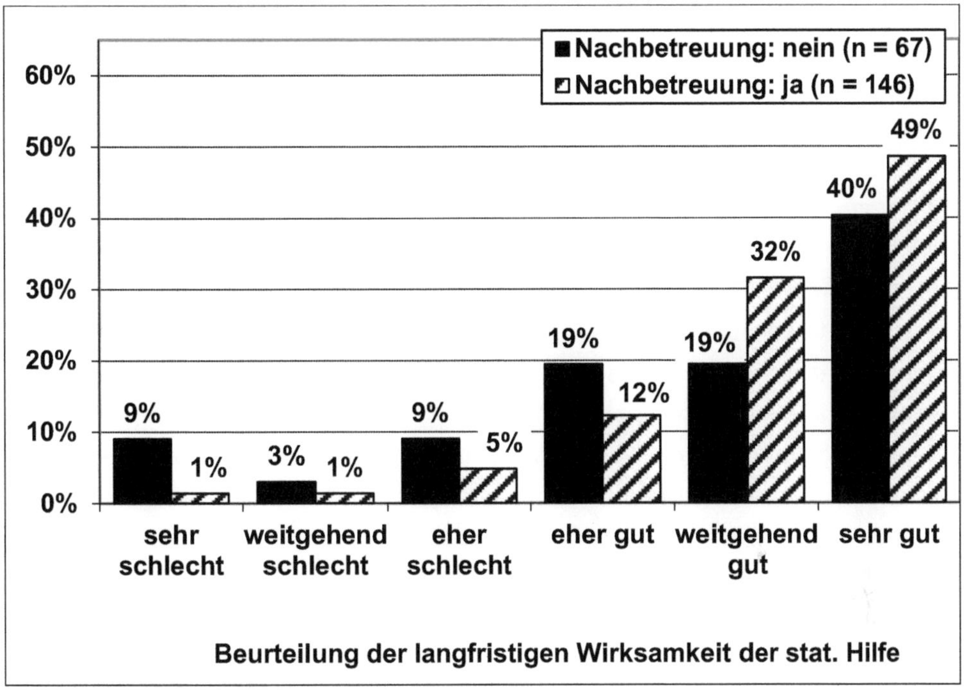

Abbildung 15: Einfluss der Durchführung einer Nachbetreuung auf die Nachhaltigkeit der stationären Hilfe, Klein & Macsenaere (2020).

Die Wirkungen stationärer Hilfen können demzufolge mithilfe nachsorgender Maßnahmen besser langfristig gesichert werden. Dabei erweist sich insbesondere die Qualität der ambulanten Nachbetreuung als bedeutsame Einflussgröße, die sich darüber hinaus auch positiv auf die langfristige Situation von Care Leaver:innen in Bezug auf verschiedene individuelle Grundbefähigungen und Verwirklichungsmöglichkeiten (Klein, 2021, S. 122) sowie auf ihre generelle Zukunftsperspektive auswirkt.

Eine bedarfsgerechte Durchführung sowie eine qualitativ gute Ausgestaltung einer ambulanten Nachbetreuung stellen diesen Ergebnissen zufolge sehr wichtige Faktoren für eine möglichst hohe Nachhaltigkeit von stationären Hilfen und damit auch für einen möglichst positiven weiteren Lebensverlauf von Care Leaver:innen nach der stationären Hilfebeendigung dar. Dementsprechend sollten Möglichkeiten zur flexiblen, individuell angepassten Durchführung von ambulanten Nachbetreuungsangeboten vonseiten öffentlicher Träger obligatorisch vorgehalten werden, um die Wirksamkeit stationärer Hilfen nachhaltig zu sichern und damit Care Leaver:innen verbesserte Chancen für eine langfristige gesellschaftliche Teilhabe zu bieten.

4.3.6 Zusammenfassung

Stationäre Jugendhilfe ist in der Lage, das Leben von Care Leaver:innen auch über die Zeit der Hilfedurchführung hinaus langfristig positiv zu beeinflussen. Mit einer qualitativ guten und inhaltlich breit gefächerten Vorbereitung sowie gelingenden Beziehungs- und Bindungsprozessen können nachhaltige Effekte signifikant gefördert werden. Daneben wirken sich auch die Effektivität stationärer Hilfen, ihre Art der Beendigung und die damit verbundenen partizipativen Zukunftsplanungen sowie insbesondere auch die Durchführung einer qualifizierten und bedarfsorientierten Nachbetreuung positiv auf die Nachhaltigkeit stationärer Hilfen aus. Es ist zu hoffen, dass u. a. durch die im Kinder- und Jugendstärkungsgesetz intendierte Präzisierung der Voraussetzungen der Hilfen für junge Volljährige und die Erhöhung des Verbindlichkeitsgrades für Regelungen zur Nachbetreuung bzw. der Hilfegewährung sowie durch die Stärkung partizipativer Prozesse (BMFSFJ, 2020b, S. 4) nachhaltige Verbesserungen in der praktischen Umsetzung des gesetzlichen Auftrags zur Unterstützung und Stärkung von Care Leaver:innen erreicht werden (Klein & Macsenaere, 2020).

5 Ergebnisse aus den Interviews

5.1 Fünf Einzelfalldarstellungen

5.1.1 Jalea Jakobs: „Habe da schon auch noch das Gefühl, ein Stück weit zu Hause zu sein."

Jalea Jakobs lebt mit ihrem Mann zusammen und erwartet zum Zeitpunkt des Interviews ihr erstes Kind (Jalea Jakobs, Z. 9-11; nachfolgende Zeilennachweise beziehen sich auf das Interview mit Jalea Jakobs). Nach erfolgreichem Abschluss ihres Sozialpädagogikstudiums hat sie bis vor ihrem Mutterschutz bei einem stationären Träger gearbeitet. Bezüglich ihres Ziels, ihr *„Leben irgendwie auf die Reihe"* (Z. 596) zu bekommen, empfindet sie sich auf einem guten Weg: *„Dass ich eben gerne studieren möchte und da auch einen Abschluss machen möchte. Ja, eigentlich nur das Ziel, dass ich mein Leben irgendwie auf die Reihe kriege. ... Und das kann man ja dann letztlich immer nur im Nachhinein dann bewerten. Aber ich denke, dass es im Moment ganz okay ist"* (Z. 594-597).

Jugendhilfeverlauf

Jalea Jakobs wird mit 17 Jahren zum ersten Mal in die stationäre Jugendhilfe aufgenommen. Die Lebensgestaltung in einer Wohngruppe fühlt sich für sie jedoch ursprünglich so seltsam an, dass sie bald zu einer anderen Betreuungsform wechseln möchte: *„Dann gab es viel Hin und Her. Und Wohngruppe war da nicht so das Konzept, mit dem ich mich anfreunden konnte, sondern habe ich beschlossen, dass ich erst mal alleine leben will"* (Z. 43-45). Mit der Unterstützung ihres Jugendamtsmitarbeiters gelingt ein Umzug zu ihrem Bruder, selbst gegen den Willen mehrerer Fachkräfte. Außerdem wird zusätzlich eine ambulante Betreuung eingerichtet: *„Die mussten quasi die Wohnung gar nicht bezahlen, weil mein Bruder zu der Zeit ein Haus gekauft hat und ich dann in diesem Haus gewohnt habe. Und die haben quasi sich um eine ambulante Betreuung gekümmert"* (Z. 61-64). Während der Zeit des Allein-Wohnens wird ihr jedoch bewusst, dass ein Leben ohne engmaschige Begleitung noch zu früh für sie ist: *„Ich habe dann eben ... auch selber festgestellt, dass das nicht funktioniert, und bin dann zurückgezogen in die Wohngruppe"* (Z. 46-49). Der

Übergang von der ambulanten Betreuungsform zurück zur vollstationären Aufnahme verläuft ihrer Meinung nach reibungslos und stets in enger partizipativer Absprache mit ihrem Jugendamtsmitarbeiter. Bevor sie in das Betreute Wohnen wechselt, macht er ihr deutlich, dass sie jederzeit auf ihn zukommen kann und sie dann gemeinsam nach einer Lösung suchen, falls es nicht gut funktionieren sollte (Z. 77-80). *„Dann haben wir eben geschaut, was jetzt gut wäre“* (Z. 80-82).

Das gemeinsame Abwägen ist auch hilfreich bei ihrer Entscheidung, zurück in die Wohngruppe zu gehen, denn diese geht nicht ohne Zweifel vonstatten. Durch das Erbe ihres Großvaters hat Jalea so viel Geld erhalten, dass die Kosten bei ihrer Rückkehr in die Wohngruppe z. T. davon bestritten werden müssen: *„Und dann war ich lange oder, na ja, ein paar Tage sehr unschlüssig, ob ich dann nicht vielleicht doch lieber ambulant bleibe und versuche, mich irgendwie durchzuwurschteln“* (Z. 101-107). Nachdem jedoch eine Sonderregelung getroffen ist, bei der nicht der höchstmögliche Kostenbeitrag herangezogen wird, lässt sie sich auf die Maßnahme ein und kehrt in die stationäre Jugendhilfe zurück: *„Das war dann irgendwie nach oben hin gedeckelt, wie viel ich maximal zahlen musste. Das war so der Kompromiss, ... und deswegen war das so insgesamt ganz gut gelaufen“* (Z. 118-123). Für kurze Zeit nach ihrem Entschluss ist jedoch erneut unklar, ob das Jugendamt ihr das Zurückkommen in die stationäre Wohngruppe tatsächlich bewilligt: *„Das war dann aber im Nachhinein irgendwie doch ein bisschen schwieriger, das durchzukriegen“* (Z. 142-143). Letztlich wird Hilfe auf Grundlage von § 41 bewilligt, wobei Jalea Jakobs nicht merkt, dass der formale Übergang zur Nachbetreuung damit eingeleitet wird (Z. 96-97). Der Weiterverbleib in der stationären Jugendhilfe ist damit gesichert. Für Jalea Jakobs löst sich eine große Spannung: *„Dann war ich sehr erleichtert, als dann diese Zusage kam, okay, das klappt, dass ich da noch mal ein Jahr bleiben kann“* (Z. 144-145).

Dieser Puffer erweist sich später als Vorteil. Jalea Jakobs plant, vorerst nur für ein halbes Jahr in der Wohngruppe zu bleiben, nämlich bis sie volljährig wird, um anschließend ein Studium zu beginnen. Doch ihre Pläne ändern sich: *„Als ich da aber zurückgezogen bin, war einfach eine Zeit mit vielen Krisen und wo nichts mehr so richtig ging. Und dann, ja, im Hilfeplangespräch war dann so die Abmachung, dass das vielleicht gar nicht so gut ist, jetzt direkt auszuziehen, und ich soll doch erst mal* *ein Jahr dann quasi Pause machen und einen Klinikaufenthalt machen. Genau. Und konnte in dieser Zeit eben in der Wohngruppe bleiben"* (Z. 136-141). Durch diesen partizipativen und ressourcenorientierten Kontakt mit dem Jugendamt und ihren Betreuer:innen wird ein längerer Aufenthalt als das ursprünglich geplante halbe Jahr für Jalea Jakobs vorstellbar. Neben hauswirtschaftlichen Aufgaben, deren Bearbeitung sie gelernt hat, bleibt ihr vor allem die stete Aufforderung ihrer Betreuenden sehr im Gedächtnis, sich immer wieder neu um soziale Kontakte zu kümmern und diese zu pflegen. Zu dem Zeitpunkt in der Jugendhilfe gefällt ihr das wenig, im Nachhinein empfindet sie es jedoch als wertvoll und wünscht sich sogar, sie wäre noch stärker dazu gedrängt worden (Z. 287-294). Jalea Jakobs verdeutlicht zwar die Wichtigkeit der Beziehungen zu den Fachpersonen in der Wohngruppe, weist jedoch zugleich darauf hin, wie stark diese im Vergleich zu guten Peerbeziehungen zeitlich begrenzt sind: *„Weil eben klar ist, diese professionelle Beziehung, die ist nicht auf ewig angelegt, und dann lieber zu gucken: ‚Okay, wie pflege ich Freundschaften?' Ja, dass ich da vorwärtskomme"* (Z. 297-299). Das Vorwärtskommen gelingt. Nach anderthalb Jahren in der stationären Wohngruppe, als Jalea Jakobs also 19 Jahre alt ist, kann sie den Schritt in die Selbständigkeit wagen und aus der stationären Jugendhilfe entlassen werden: *„Und dann eben diese eineinhalb Jahre später, das war dann schon auch klar, dass ich jetzt alt genug bin und auch (lachend) mal raus kann"* (Z. 148-149). Nachdem einige Missverständnisse bezüglich der Verantwortlichkeit einer Wohnungssuche sowie Jalea Jakobs Nachbetreuung in der neuen Stadt, in die sie zum Studieren zieht, überwunden sind, geht sie erfolgreich den Schritt in die Selbständigkeit (Z. 158-170).

Professionelle Unterstützung als Care Leaverin

Durch den Einsatz des Jugendamtsmitarbeiters kann Jalea Jakobs in eine eigene Wohnung mit direkter Anbindung an eine umliegende stationäre Wohngruppe ziehen. In der ersten Zeit des Übergangs hat sie zu der Gruppe regelmäßig Kontakt und ist auch in alltägliche Zusammenhänge wie Mahlzeiten etc. mit eingebunden. Zusätzlich wird eine ambulante Betreuung für sie bewilligt (Z. 176-180). Diesen besonderen Übergang von der vollstationären zur ambulanten Betreuung, der zu Beginn noch sehr eng von der neuen stationären Gruppe und den verantwortlichen Betreuenden begleitet wird, bewertet Jalea Jakobs im Nachhinein als großen Schutzfaktor: *„Ja, auf jeden Fall. Also, sonst wäre es ja von so einer 100-Prozent-Betreuung, also rund um die Uhr jemand da, zu gar nichts. Ich weiß nicht, das wäre, glaube ich, ziemlich schiefgegangen“* (Z. 238-240). Nach einigen Monaten der ambulanten Betreuung mit enger Anbindung an die stationäre Einrichtung wird der Kontakt zur Wohngruppe reduziert (Z. 181-182). Innerhalb des ersten Jahres in der Nachbetreuung nimmt Schritt für Schritt auch die ambulante Begleitung ab, bis schließlich auch diese beendet wird: *„Und dann, ja, hatte ich selbständig zu sein“* (Z. 182-183). Bei ihrer letzten Hilfekonferenz wird ihr anschließend die Möglichkeit geboten, sich über sogenannte Beratungsgutscheine bei Bedarf mit ihren Anliegen an Einrichtungen aus der Kinder- und Jugendhilfe zu wenden: *„In dem Hilfeplangespräch, wo mir dann gesagt wurde, dass die Hilfe eingestellt wird, war dann einfach die Abmachung, also, wenn ich jetzt noch jemanden brauche, dann kann ich mich an meine Betreuerin oder ehemalige Betreuerin dann wenden und habe eben insgesamt zehn Stunden für Beratungsleistungen. Das waren so kleine Kärtchen. Es stand immer drauf, ‚1 Stunde‘. Und mit diesen Stunden konnte das dann beim Jugendamt abgerechnet werden“* (Z. 197-203). Von den zehn Gutscheinen braucht Jalea Jakobs jedoch nur wenige: *„Nicht alle zehn, die ich hatte. Ich glaube, ich hatte drei oder vier in Anspruch genommen“* (Z. 213-216). Gerade die Möglichkeit, sich jederzeit punktuell Hilfe holen zu können, trägt einen großen Teil zu einem Sicherheits- und Wohlbefinden in der Zeit der Ablösung bei: *„Es hat mich sehr erleichtert. Ich hatte diese Gutscheine immer in meiner Schublade drin liegen und habe gedacht: ‚Okay, wenn jetzt was ist, kann ich mich an meine Betreuerin wenden.‘ Und ich glaube, das hat schon mal einen Druck rausgenommen, dass ich sie nicht oder weniger gebraucht habe“* (Z. 225-229).

Insgesamt ist Jalea Jakobs ein Jahr in der ambulanten Betreuung, das sich für sie jedoch länger anfühlt: *„Ich bin da mit, ja, 19 einhalb eingezogen und dann, ... ja eigentlich nur ein Jahr, stelle ich gerade fest. Aber ich hatte dann also noch mal Nachbetreuungsgutscheine bekommen, und dann hat es sich so angefühlt wie so eineinhalb Jahre“* (Z. 189-192). In dieser Zeit des Übergangs von der stationären Wohngruppe zur Selbständigkeit ist Jalea Jakobs immer wieder mit finanziellen Schwierigkeiten konfrontiert. Ihr Vater, mit dem sie sich im Rechtsstreit befindet, zahlt keinen

Unterhalt, und ihr Anwalt, der auch mit Beratungsgutscheinen bezahlt wird, kümmert sich nur äußerst sporadisch. Da die Einrichtungen der Jugendhilfe aber davon ausgehen, dass sie durch den vermeintlichen Unterhalt finanziell abgesichert ist, wird im Abschlussgespräch nicht deutlich, ob sie tatsächlich ausreichend finanzielle Unterstützung hat (Z. 382-386). Dazu hätte sie sich mehr Beistand gewünscht: *„Ich glaube, da hätte ich mir schon auch gewünscht, dass das gemeinsam geschaut wird, und eben auch, dass es keine Finanzierungslücke gibt ... . Also, dass klar ist: ‚Okay, bisher haben wir dir den Lebensunterhalt bezahlt. Und wenn das jetzt ausläuft, also fühlen wir uns dafür zuständig, dass geklärt ist, wie du es dann danach machst'"* (Z. 386-395). Die Situation ihrer Lebensfinanzierung, selbst mit dualem Studium und zwei Nebenjobs, wird für Jalea Jakobs mit der Zeit teilweise so schwierig, dass es Momente gibt, in denen sie in ganz neue Richtungen denkt: Sie überlegt, schwanger zu werden und in eine Mutter-Kind-Einrichtung zu gehen, damit sich zumindest ihre finanzielle Situation entspannt: *„Es nicht die Frage: ‚Okay, also wie finanziere ich mir jetzt ... eine Wohnung oder Essen und Kleidung?' Da ist das irgendwie alles gesichert, und da brauche ich mir nicht den Kopf machen um die basalen Bedürfnisse"* (Z. 445-448). Davon nimmt sie wieder Abstand: *„Aber ich hatte mich dann aber dagegen entschieden, weil ich dachte: ‚Okay, dann habe ich auch immer noch nicht studiert'"* (Z. 435-436).

Während ihres Lehramtsstudiums bemerkt Jalea Jakobs, dass diese Fachrichtung nicht die richtige Wahl für sie ist und dass sie gerne den Studiengang wechseln möchte: *„... ich habe da Lehramt studiert und ja, habe dann aber gemerkt, ich möchte nicht Lehrerin werden, sondern gerne Soziale Arbeit oder Erziehungswissenschaften studieren"* (Z. 335-338). Um einen möglichst gesicherten Lebensunterhalt zu haben, entscheidet sich Jalea für ein duales Studium und beginnt noch zwei Nebenjobs: *„Dann hatte ich mich eben einmal hingesetzt und habe das durchgerechnet, was ich dann an finanziellem Bedarf hätte, um das an der Uni zu studieren, und habe festgestellt, dass ich das nicht gedeckt kriege. ... Und daraufhin hatte ich mich an der dualen oder hatte ich mir ein duales Studium gesucht, einfach, um einen Lohn zu haben, zumindest als kleinen Obolus, und hatte dann, ja, neben dem Studium her eben noch zwei Nebenjobs und habe mich dann so durchgemogelt"* (Z. 338-344). Da Jalea Jakobs unter der Woche mit ihrem Studium und Nebenjobs sehr eingebunden ist, gibt es kaum Möglichkeiten, dass Probleme und Krisen Raum und Sichtbarkeit bekommen – schwierig wird es für sie daher, weil sie an Wochenenden und Feiertagen nicht auf die Hilfen der ambulanten Betreuung zurückgreifen kann: *„Die Krisen kamen eigentlich eher am Wochenende oder an Feiertagen, und dann hatte ich natürlich ... keine Ansprechpartner"* (Z. 244-246). Dadurch, dass Jalea in der Nähe einer Wohngruppe lebt, kann sie jedoch auf deren Fachkräfte zurückgreifen, wenn die krisenhafte Situation so stark ist, dass sie unmittelbar Unterstützung braucht und nicht warten kann, bis sie ihre ambulante Betreuerin wiedersieht (Z. 247-249). Deutlich wird, dass es bei Jalea Jakobs keine alltagspraktischen Fähigkeiten sind, bei denen sie Begleitung braucht, sondern eher Momente, in denen sie sich mit Geschichten aus ihrer Familie oder anderen schwierigen Beziehungen auseinandersetzen muss: *„Es war jetzt alles andere als irgendwie hauswirtschaftlich, dass ich die Frage hatte: ‚Wie oft muss ich eigentlich meinen Mülleimer leeren?', sondern, ja, das lief alles. Da habe ich auch keine Unterstützung gebraucht, sondern das waren eben diese Themen, wie positioniere ich mich im Leben"* (Z. 262-266).

Beziehung(en), gesellschaftliche Teilhabe und soziale Unterstützung

Zu Jalea Jakobs erster stationärer Einrichtung besteht bis heute Kontakt. Nicht nur die Menschen, auch der Ort an sich geben ihr das Gefühl, zu Hause (Z. 60-63) zu sein: *„Zur Wohngruppe gibt es nach wie vor einen Kontakt. Da bin ich so ein- bis zweimal im Jahr. Genau, auch zu ehemaligen Betreuern dort, die da teilweise auch dann gar nicht mehr tätig sind. ... Mir ist sowohl der Ort wichtig, also die Wohngruppe an sich"* (Z. 557-560). Eine weitere konstante und zentrale Unterstützung während der ganzen Zeit der Ablösung ist für sie das Netzwerk der Care Leaver:innen: *„Ich habe mich da sehr aufgehoben gefühlt. Als ich da zum ersten Mal dazu gestoßen bin, habe ich gedacht: ‚Krass, das ist eine ganze Gruppe, und die haben Ähnliches erlebt, haben ähnliche Themen.' Also ja, wenn man so irgendwelche kleinen Problemchen, also, sei es jetzt irgendwie mit dem Unterhalt, jemandem sonst erzählt, da heißt es immer: ‚Ja, ist doch alles ganz einfach. Du bekommst Unterhalt. Und wenn du den nicht bekommst, dann musst du den eben einklagen.' Ja, natürlich ist das in der Theorie ganz einfach, aber was da noch mal alles mit dranhängt, ja, weiß ich nicht, habe ich* *manchmal das Gefühl, dass es andere schlechter nachvollziehen können"* (Z. 618-636). Für Jalea Jakobs fühlt sich dieses Netzwerk an wie eine kleine Familie, auf die sie gerade in den schwierigen Zeiten nach der stationären Wohngruppe zurückgreifen kann und bei der sie sich aufgehoben fühlt (Z. 626-630). Aufmerksam wird sie auf dieses Netzwerk durch eine Fachkraft in der ambulanten Nachbetreuung, als Jalea Jakobs ihr eröffnet, sich in der Universität unwohl und fehlplatziert zu fühlen. Daraufhin recherchiert sie lange im Internet und findet nach mehreren Anläufen nicht nur amerikanische Care Leaver:innen-Netzwerke, sondern auch eines in Deutschland. Für eine gewisse Zeit schließt sie sich dem Netzwerk an und beschreibt dies als eine wichtige Ressource. Als sich ihre Lebenssituation jedoch festigt, sie im neuen, selbständigen Leben mit Studium, Nebenjob und irgendwann ihrer Arbeit ankommt, stellt sie fest, dass auch das Netzwerk an Wichtigkeit für sie verliert. Gleichzeitig drückt sie aber deutlich aus, wie wichtig diese kleine Care Leaver:innen-Familie für sie gerade im Übergang war (Z. 634-637). Insgesamt verfügt Jalea Jakobs aufgrund ihrer positiven Jugendhilfeerfahrungen und ihrer damaligen Netzwerkaktivitäten bis heute über ein umspannendes Netz an Kontakten und Beziehungen, an die sie sich jederzeit wenden kann, wenn sie danach Bedürfnis oder Bedarf hat.

Gesamtbewertung und offene Wünsche

Insgesamt wird bei Jalea Jakobs immer wieder deutlich, wie hilfreich und positiv besetzt die Zeit in der Jugendhilfe für sie ist. Als zentral stellt sie heraus, dass ihr die Möglichkeit, aus der ersten ambulanten Betreuung problemlos und ohne großen Aufwand zurück in die vollstationäre Jugendhilfe kommen zu können, sehr viel genützt hat: *„Ich würde gern noch mal betonen, dass ich diesen Rückzug in die Wohngruppe so gut und hilfreich fand. Und ich kenne bisher keinen anderen jungen Menschen, bei dem das auch so war. Auch wenn es ja gesetzlich jetzt nicht unmöglich ist, aber das war für mich echt das Beste, was passieren konnte"* (Z. 707-711). Auch wenn Jalea Jakobs der Meinung ist, einige Details hätten noch verbessert werden können, um ihren Jugendhilfeweg leichter zu machen, bewertet sie ihren Hilfeverlauf als sehr positiv: *„Natürlich gibt es Stellschrauben, wo ich sage, da wäre vielleicht mehr oder weniger gut gewesen. Aber insgesamt sage ich, das war ein sehr, sehr guter Hilfeverlauf, und, ja, da kann man nichts hinzufügen"* (Z. 531-534). Sonst, so resümiert sie,

„gäbe es mich jetzt nicht mehr“ (Z. 525-526). Dennoch hat sie Anregungen: Für ihre eigene Entwicklung in der Jugendhilfezeit wäre es aus ihrer Sicht z. B. sehr hilfreich gewesen, wenn sie von Fachkräften noch stärker darin begleitet und ermutigt worden wäre, Beziehungsarbeit besser zu erlernen (in freundschaftlichen wie auch in Liebesbeziehungen). Als Jugendliche sei sie diesbezüglich sehr *„blauäugig“* (Z. 503) gewesen und hätte in dieser Phase von Unterstützung profitieren können. *„Und das wussten zwar auch die Betreuer, aber ... ja, ich glaube, das haben sie nicht als ihre Aufgabe gesehen oder haben gedacht, das kommt dann schon alleine oder wie auch immer. Aber ich glaube, da hätte ich mir ein bisschen was ersparen können“* (Z. 498-511). Es wird zwar deutlich, dass ihr in der Zeit der Jugendhilfe ein Bewusstsein mitgegeben wurde, dass Freundschaften und deren aktive Pflege wichtig sind. Dennoch stellt sie resümierend klar, dass ihr noch genaueres Hinsehen gutgetan hätte: *„Ich würde jetzt nicht sagen, dass ich das richtig gut hinbekomme. Das ist nach wie vor ein Thema, an dem ich arbeite“* (Z. 549-550).

Auch bezüglich des Umgangs mit finanziellen Themen, mit denen junge Menschen in der Zeit des Übergangs zur Selbständigkeit in der Jugendhilfe konfrontiert sind, hat Jalea Jakobs Verbesserungsvorschläge: *„Dass klar ist: ‚Okay, bisher haben wir dir den Lebensunterhalt bezahlt. Und wenn das jetzt ausläuft, ... fühlen wir uns dafür zuständig, dass geklärt ist, wie du es dann danach machst‘“* (Z. 393-395). Außerdem ist ihr wichtig, dass Fachkräfte stärker die Verantwortung dafür übernehmen, dass in der Zeit nach der Jugendhilfe keine Finanzierungslücke entsteht und alle jungen Menschen möglichst finanziell abgesichert in ihren neuen Lebensabschnitt starten können (Z. 386-388 und Z. 393-395). Hier hat sie von Peers bessere Unterstützung bekommen als von Professionellen. Ein zentraler Wunsch von Jalea Jakobs besteht darin, das Care Leaver:innen-Netzwerk unter Fachkräften bekannter zu machen. Ihr ist es wichtig, dass alle jungen Menschen, die die Jugendhilfe verlassen (müssen), die Wahl haben, sich dem Netzwerk anzuschließen, um sich gegenseitig zu vernetzen und zu unterstützen: *„Vor allen Dingen ist es vielleicht ... auch die Aufgabe der Fachkräfte, die Care Leaver einfach darüber zu informieren bei Auszug, dass es so ein Netzwerk gibt. ... Und ob man dann als junger Mensch damit was anfängt und sagt: ‚Okay, da will ich mich hinwenden‘, oder sagt: ‚Nein, das interessiert mich nicht. Ich* *schließe mit Jugendhilfe ab', das ist ja beides okay"* (Z. 653-679). Da sie selbst in der stationären Jugendhilfe gearbeitet hat, weiß sie jedoch, wie schwer diese Aufgabe ist. Immer wieder stößt sie auf Schwierigkeiten und Widerstände: *„Und dann gibt es auch Fachkräfte, die irgendwie mit ihrer täglichen Berufspraxis so ausgelastet sind, dass sie gar nicht den Kopf haben, sich um was Neues zu kümmern. Und die keine Lust haben auf einen neuen Fachbegriff und ... : ‚ach, das interessiert mich nicht'"* (Z. 690-694).

5.1.2 Alex Albrecht: „Die haben mich gemacht, wie ich jetzt so bin!"

Alex Albrecht wohnt aktuell mit seiner Partnerin, einer Altenpflegerin, zusammen und arbeitet *„in einem Behindertenwohnheim"* (Alex Albrecht, Z. 492 und Z. 3; nachfolgende Zeilennachweise beziehen sich auf das Interview mit Alex Albrecht). Er hat regelmäßig Kontakt zu seiner Pflegefamilie. Seine Herkunftsfamilie kennt er nicht – er ist 1994 geboren und im Alter von fünf Jahren in eine Pflegefamilie vermittelt worden. Seitdem lebt er mit den leiblichen Kindern der Pflegeeltern und seinem jüngeren Pflegebruder zusammen (Z. 748-749). Er sieht seine Pflegeeltern als seine Eltern an (Z. 10).

Jugendhilfeverlauf

Während des Aufenthalts bei seiner Pflegefamilie besucht Alex Albrecht die Schule bis zur zehnten Klasse, macht seinen Hauptschulabschluss und spielt etwa 14 Jahre im Verein Fußball (Z. 207). Sport ist für Alex eine wichtige Ressource: *„Wenn ich mal so schlechte Tage habe, ... wenn ich einfach laufen kann, ich laufe dann ein paar Kilometer, und dann geht es mir besser ... . Das gibt mir doch ein bisschen mehr Halt"* (Z. 215-217). Seinen Pflegevater erlebt er in seiner Kindheit als den etwas milderen Part in der Erziehung: *„Wenn ich schlechte Noten bekommen habe, dann habe ich zu Hause, das habe ich nicht meiner Mama gezeigt, sondern meinem Vater ... . Der hat da nicht so ein Fass aufgemacht, wenn das mal eine Fünf oder Sechs gewesen war"* (Z. 166-170). Seine Pflegemutter vermittelt ihm die lebenspraktischen Dinge und, wie man sich Unterstützung holt, *„weil die immer gesagt hat, wenn du Hilfe brauchst, sag' Bescheid"* (Z. 517). Durch seine Pflegeeltern kann er auch an verschiedenen kulturellen Aktivitäten teilhaben, z. B. an gemeinsamen Urlauben oder auch

Kunstausstellungen (Z. 671-679). Nach seinem Schulabschluss schließt er eine Ausbildung zum Werbetechniker an, die er nach einem halben Jahr abbricht (Z. 237). Für etwa ein Jahr hat er daraufhin *„nichts gemacht"* (Z. 238). Danach beginnt er ein FSJ, mit dem er *„nicht ganz zufrieden"* (Z. 33) ist und es daher abbricht. Er beschreibt, dass es *„immer öfters Theater zu Hause gegeben"* (Z. 31) hat. Seiner Empfindung nach wollte seine Pflegemutter damals, dass *„ich das erreiche oder Schule oder irgendwas weitermache"* (Z. 31-34).

Alex Albrecht hat seiner Erzählung nach die große (finanzielle) Sicherheit in der Pflegefamilie genossen: *„Ich bin sehr, sehr gut aufgewachsen. Wahrscheinlich auch so, weil Geld nie eine Rolle gespielt hat, zu Hause. Mein Vater hat gut verdient, der war ... Ingenieur. Meine Mama halt dann Erzieherin, war halt immer Geld da und hab' mir keine Gedanken gemacht, wo kommt das Geld her. ... Haben immer alles bekommen, was wir wollten"* (Z. 661-679). Er reflektiert die Höhe des Taschengeldes jedoch auch kritisch: *„Ich glaube, das war zu viel damals! Überleg mal: 300 Euro ist eine Menge Geld. Das war in drei, vier Tagen weg, und dann wollte ich Neues, und dann habe ich natürlich Neues bekommen, das war einfach nicht das Muss von meiner Mutter, aber die hat es gemacht, weil sie das Gute gesehen hat"* (Z. 558-560). Die Situation ändert sich mit der Trennung der Pflegeeltern, als Alex Albrecht 14 Jahre alt ist. Den Umzug mit seiner Pflegemutter beschreibt er als Herausforderung: *„Und das wollte ich eigentlich damals gar nicht zu dem Zeitpunkt, ich wollte in der Stadt wohnen bleiben, mit meinem Vater zusammen, weil ich ja auch meine Freunde da hatte und meine Schule ... . Wie das Schicksal so will, musste ich mit meiner Mutter halt mit"* (Z. 153-160). Seine Pflegemutter kürzt das Geld, ohne dass Alex Albrecht anders damit umgeht: *„Ich habe mein Geld ausgegeben ohne Ende, also Wahnsinnsbetrag, wirklich"* (Z. 552-553). Zu dieser Zeit beginnt seine Spielsucht. Dass er damals *„mit den falschen Leuten abgehangen"* hat, sieht er heute als Grund für seinen Auszugswunsch im Alter von etwa 17 Jahren: *„Dann fing das mehr oder weniger schon an ... , das Spielen ... , am Automaten, und dann ging da natürlich mega viel Geld drauf, und dann fing das an mit dem Klauen"* (Z. 36-39). Um an Geld zu kommen, bestiehlt er seine Mutter und seine Schwester (Z. 39-40). Seine Pflegemutter, so sagt er heute im Rückblick, war verzweifelt und wusste nicht, *„was sie falsch gemacht hatte, die hatte mich ja gut erzogen"* (Z. 40-42).

Alex Albrecht muss in der Folge ausziehen. Anschließend wohnt er zunächst bei seiner damaligen Freundin (Z. 45). Kontakt zu seiner Pflegefamilie hat er zu diesem Zeitpunkt nicht (Z. 50-53). Nach dem Ende der Beziehung zieht er in eine eigene Wohnung, die er sich selbst sucht. Er beantragt ALG II und erhält Kindergeld (Z. 69-76). Seiner heutigen Ansicht nach steckte er damals bereits in einer Krise: *„Mit den Leuten, also Partys gefeiert in der Bude. Das war auch keine Wohnung, das war eher so eine Unterkunft, ja, da habe ich ein Bett drin stehen gehabt und ein Sofa, ein Kleiderschrank, und war eine kleine Küche drin, mehr weiß ich nicht mehr. Gelebt und gegessen habe ich draußen"* (Z. 62-66). Nach etwa fünf Monaten traut er sich das Alleinleben nicht mehr zu und zieht zu seinem Pflegevater (Z. 272-276). Aufgrund von Strafverfolgung wegen Raub und Körperverletzung wird er mit 19 Jahren zu einer Gefängnisstrafe von einem Jahr verurteilt (Z. 346-351). Der Aufenthalt dort und insbesondere die Folgeeinrichtung werden zu seiner zweiten großen Chance. Seit dem Gefängnisaufenthalt ist er seiner Aussage zufolge nicht mehr straffällig geworden (Z. 376-378). Der Sozialdienst der Justizvollzugsanstalt vermittelt ihm die Möglichkeit eines Betreuten Wohnens für ehemals straffällige Menschen. Alex Albrecht überzeugt den Einrichtungsleiter von sich und seinem Ziel: *„Ja, ich habe ihn vollgelabert, habe ich den. Also zwei Stunden locker habe ich den davon überzeugt"* (Z. 412-413). Dort lebt er zwei Jahre (Z. 397-457) und absolviert in dieser Zeit eine Ausbildung zum Sozialassistenten mit Realschulabschluss (Z. 243-245). Nach dem Abschluss zieht er für etwa ein Jahr zu seinem Pflegevater. Nach dessen Tod wechselt er erneut zu seiner Pflegemutter (Z. 452-462). Nicht nur der Tod seines Vaters ist eine Herausforderung für ihn, sondern auch die darauffolgenden Familienstreitigkeiten bezüglich des Erbes (Z. 472-479). Alex Albrecht hat jedoch seit dem Betreuten Wohnen wieder ins Gleichgewicht gefunden.

Professionelle Unterstützung als Care Leaver

Nach seinem Auszug aus der Pflegefamilie erhält Alex Albrecht keine Hilfe gemäß § 41 SGB VIII. Er hat jedoch auf verschiedenen Ebenen immer wieder die Möglichkeit, sich Unterstützung zu organisieren. Trotz der krisenhaften Adoleszenz sind seine

Pflegeeltern stets ansprechbar, und auch das Betreute Wohnen für ehemals straffällige Menschen bietet immer wieder Kontakt an. Unterstützung sucht Alex Albrecht ohnehin nicht so sehr im lebenspraktischen Bereich. In Bezug darauf beschreibt er eine hohe Selbständigkeit. Ohne Unterstützung sucht er sich z. B. seine erste Wohnung. Sein Pflegevater hilft ihm allerdings bei der Wohnungseinrichtung (Z. 263-265). In Bezug auf seine hauswirtschaftlichen Fähigkeiten ist er *„immer schon"* ordentlich gewesen (Z. 661-665). Behördliche Angelegenheiten und Bewerbungen bewerkstelligt er selbständig und nutzt die Informationen des Jobcenters (Z. 85-100). Auch den Wunsch, die Ausbildung als Sozialassistent zu absolvieren, entwickelt Alex Albrecht selbst. Nur mit den Finanzen hapert es. Aus seiner Sicht konnte er in seiner Kindheit und Jugend keinen guten Umgang erlernen: *„Wenn man so früh mit so viel Geld konfrontiert wird, da hat man gar nicht den Überblick"* (Z. 602-603). Das hat sich heute geändert: *„Heute ist 300 Euro viel Geld für mich. Also hör mal, wenn ich 300 Euro mehr Lohn bekomme, ich würde mich freuen wie ein Schneekönig. Ja, aber früher, ich war nicht arbeiten, ich wusste nicht, wo das Geld herkam"* (Z. 602-608). Als unterstützend auf diesem Weg beschreibt er den Aufenthalt in der Justizvollzugsanstalt: Er trennte ihn von den destruktiven Netzwerken, thematisierte die Spielsucht und vermittelte ihm Realität (Z. 369-389 und Z. 575).

Insbesondere das Betreute Wohnen für ehemals straffällige Menschen unterstützte ihn im Umgang mit Geld sowie bei der Schuldenregulierung (Z. 311-314, 425-430). Der Wert des Geldes wird ihm bewusst (Z. 654-656): *„Erstmal hatte ich das Geld gar nicht dafür. Ich musste ja überlegen, ich kriegte zehn Euro die Woche. Was habe ich mir geholt, Tabak zum Drehen ... , nix haben wir gehabt, das war das Schöne an der Sache. Ehrlich!"* (Z. 586-589). Durch die Freizeitgestaltung entwickelt er zudem andere Interessen: *„Wir sitzen rum und gammeln. Sport, Aktivitäten im Haus, Kochaktionen im Haus, wir haben auch immer viel Unterstützung bekommen im Haus, viele Aktionen gemacht, waren auf Freizeiten* (Z. 589-592). In seinen Erzählungen dazu wird jedoch deutlich, dass es insbesondere die emotionale Unterstützung ist, die ihn – ebenso wie die stete Bereitschaft seiner Pflegeeltern – über Krisen hinwegträgt und weiterbringt (Z. 312-319). Die Pflegeeltern schildert Alex als kontinuierlichen Halt in schwierigen Phasen seines Lebens. Auch sind seine Pflegeeltern aus seiner

Sicht einer der Gründe gewesen, den Kontakt zum destruktiven sozialen Netzwerk abzubrechen (Z. 307). Er ist sicher, dass er von ihnen immer Unterstützung erhalten hätte, wenn er sie gebraucht hätte (Z. 332-336): *„Meine Mama hat immer gesagt, ihr bleibt oder ihr könnt so lange bleiben, wie ihr wollt, ihr könnt von mir aus bis zum 25. Lebensjahr, ihr könnt noch studieren, was ihr machen könnt, ich hatte ja auch immer mein eigenes Reich da oben"* (Z. 545-548). Da Alex Albrecht seine Pflegefamilie als ‚reale' Familie wahrnimmt, wird diese noch ausführlicher im nächsten Unterkapitel thematisiert.

Auch in den jeweiligen Einrichtungen nimmt er eine subjektbezogene Haltung ihm gegenüber wahr. So fühlt er sich beispielsweise von seinem Anwalt sehr ernst genommen (Z. 385-389), besonders aber durch seine Sozialarbeiterin der Justizvollzugsanstalt. Sie vermittelt ihn in das Betreute Wohnen, um seine Haftstrafe zu verkürzen (Z. 397-401). Er erlebt die Einrichtung so, dass er *„nochmal eine Chance habe, mein Leben zu bessern"* (Z. 407-408). Im Erstgespräch mit dem Einrichtungsleiter spricht er offen mit ihm und beteuert seine große Motivation: *„Und bin dann da eingezogen"* (Z. 203-208). Vonseiten des Betreuten Wohnens für ehemals straffällige Menschen nimmt er vor allem wertschätzend die Kontinuität wahr, *„am Ball zu bleiben. Die haben da gewohnt, uns immer gesehen, die haben uns auch so unter Druck gesetzt, ... so: ‚Hör mal zu! Machst du jetzt hier, sonst wird das nichts!' Und wenn du nicht, du musstest denen ja bringen, sonst würden wir ja wieder ausziehen, wenn du da nicht den Kriterien gerecht wirst. ... Und auch ... dass die nie aufgegeben haben, obwohl wir die ab und zu, na klar, enttäuscht haben. Dass wir dann Geld genommen haben, Bekleidungsgeld, und ausgegeben haben für irgendeinen Scheiß. Und halt keine Bekleidung und die damit halt enttäuscht haben. Das dann auch wieder zurückgewonnen habe, nach einer Zeit"* (Z. 639-653). Seine Ressource Sport wird auch heute noch durch den Einrichtungsleiter des Betreuten Wohnens unterstützt, indem sie gemeinsam an Marathonläufen teilnehmen (Z. 217-229).

Beziehung(en), gesellschaftliche Teilhabe und soziale Unterstützung

Alex Albrecht beschreibt die Beziehung zu seinen Pflegeeltern als sehr nah, er selbst sieht sie quasi gar nicht als Pflegeeltern, sondern als seine leiblichen Eltern (Z. 10). Auch das Kennenlernen schildert er als intensiv: *„Und dann die ersten Besuche, ...*

irgendwann bin ich dann dageblieben. Ich wusste, das passt! Das war, weiß ich nicht, wo ich klein war, meine Mama hat immer gesagt: ‚Du kannst Adelheid zu mir sagen ... Und das ist der Albert'. Ich weiß nicht, ich habe nach zwei, drei Stunden schon Mama gesagt. Habe ich schon für mich, weiß ich nicht, als kleines Kind sagt man ja nicht einfach ‚Mama'. Ich habe zu viel gesehen, ich kann mich auch kaum erinnern, was ab dem zweiten Lebensjahr so abgegangen ist. Also, das war für mich ein Wunder. Ist es bis heute" (Z. 750-758). Der Unterstützung seiner Pflegeeltern war er sich stets sicher: *„Ich hätte Unterstützung bekommen, hätte ich die gebraucht"* (Z. 335). Er beschreibt zudem, dass er auch nach seinem 18. Lebensjahr bei seiner Pflegemutter hätte wohnen können (Z. 546-548). Ihre Beharrlichkeit wertschätzt er rückblickend: *„Also, ich fand es gut, von meiner Mama immer, dass die mir immer geraten hat, ‚bleib' am Ball, mach das, zieh das durch!' Ich habe es halt nie gesehen! ... Das war halt so der Punkt, wo ich sage, was mich geprägt hat, und ich glaube, was ich jetzt im Nachhinein alles dann doch so durchgezogen habe. Da habe ich mich an die Worte meiner Mutter erinnert, dass das hier zu schaffen wär"* (Z. 508-514).

Der Tod seines Pflegevaters stellt für Alex Albrecht eine Krise dar: *„Ich war sehr traurig, das war keine schöne Zeit"* (Z. 162). Im Verlauf des Interviews beschreibt er den unterstützenden Kontakt zu ihm: Er gab Alex Albrecht das Gefühl, beständig an seiner Seite zu stehen, auch in Zeiten, in denen er sich selbst abwendet: *„Ihn habe ich ganz oft fallen gelassen, habe gesagt, wir treffen uns, dann war ich nicht da. Dann stand er vor meiner Tür da, vor meiner Wohnungstür, aber ich war wieder mit den Leuten unterwegs, konnte da nicht weg da"* (Z. 265-270). In der Zeit des Drogenkonsums bricht er den Kontakt zu ihm ab: *„Dann war schon der Punkt, wo ich nicht mehr nach Hause gekommen bin, auch bei Leuten geschlafen habe, wahrscheinlich auch ... damit der mich nicht so sieht"'* (Z. 297-299). Als Ursache dafür, sich aus der Krise wieder herausgearbeitet zu haben, sieht Alex Albrecht ebenfalls seine Pflegefamilie. Er wollte ihre Achtung zurückgewinnen, die *„Eltern wieder stolz machen"* (Z. 307-309). Trotz des delinquenten Verhaltens ist der Kontakt zu seiner Pflegemutter und den anderen Familienmitgliedern *„mittlerweile ... wieder gut! Sehr gut!"* (Z. 14-15 und Z. 690-718). Während der zwei Jahre ohne Verbindung zu seiner Pflegefamilie vermisst er sie sehr und sucht dann den Kontakt von sich aus, *„obwohl ich natürlich*

Angst hatte, wenn ich jetzt anrufe, dass die dann sagen … , hat die keinen Bock mehr darauf" (Z. 726 ff.).

Unterstützende Kontakte bis heute hat er auch durch das Betreute Wohnen gewonnen, das ihn bei der Verselbständigung und dem Herausarbeiten aus den destruktiven Netzwerken begleitet. An diese negative Verflechtung erinnert sich Alex Albrecht besonders intensiv: *„Dieser Kontakt zu den falschen Freunden ist natürlich weg, zu den ganzen falschen Freunden … , der ist jetzt weg"* (Z. 176-177). Er reflektiert: *„So wirklich wahr wollte ich nichts haben. Weil ich so tief drin war. … Also, ich weiß nicht, man kann sich das vermutlich nicht so vorstellen, aber wenn man einmal mit solchen Leuten Kontakt hat, ist es halt so, dann bleibst du so lange drin, bis dich jemand in den Arsch tritt"* (Z. 340-344). Bei dieser Trennung hat ihn neben der Justizvollzugsanstalt ein sehr guter Freund unterstützt (Z. 193-197): *„Also, ich hatte immer guten Kontakt zu meinen besten Freunden, habe mich bei denen versteckt … , der hat mich auch damals unterstützt … , wo ich mich also damals in diesem Milieu aufgehalten habe und der mich versucht hat, da rauszuziehen"* (Z. 190-195 und Z. 357-358). Hilfreich war auch der bereits angesprochene Gefängnisaufenthalt. *„Da kamen die ja nicht mehr an mich ran. Es durfte mich ja auch keiner besuchen von den Leuten. Das war da auch schon so ein bisschen Schutz. Das war mein großes Glück, in der JVA, wirklich"* (Z. 370-372). Auch während der Zeit im Betreuten Wohnen nimmt er die anderen Bewohner:innen als unterstützend wahr. Sie motivieren sich gegenseitig: *„‚Wir müssen das schaffen, zieh das durch!' So untereinander so. So auch spekuliert, ‚bald ziehe ich hier aus, lass uns doch eine Wohnung zusammen nehmen, wir müssen das schaffen hier! Lass uns sparen!' Das hat mich motiviert"* (Z. 645-648).

Gesamtbewertung und offene Wünsche

Insgesamt wird bei Alex Albrecht deutlich, wie sehr er von der stationären Hilfe in Form der Pflegefamilie profitiert hat (Z. 742 und Z. 758). Trotz der schweren Adoleszenzkrise hat er dort stets Rückhalt und Unterstützung erfahren. Auch von den anderen Einrichtungen im Rahmen des Strafvollzugs spricht Alex Albrecht positiv. Seine Wunschliste ist nicht lang. Er betont ausführlich den Umgang mit Geld, bei dem er sich früher deutliche Grenzsetzungen und Unterstützung gewünscht hätte. Rückblickend hätte sich Alex Albrecht insgesamt mehr Druck von außen gewünscht, da er seiner Ansicht nach unter Druck produktiver ist (Z. 533-535). Für sich selbst hätte er gewünscht, dass die jeweilige Einrichtung noch beharrlicher *„drangeblieben wäre: ‚Nee, du triffst dich jetzt, oder du kommst jetzt.‘ Oder dass die einfach den Kontakt, die haben mich auch gefragt, aber es war freiwillig von mir. Ich habe gesagt: ‚Nein!‘ Für die war das dann auch ein Nein! Jetzt kann ich das sagen: ‚Es gibt keine andere Wahl, wir machen jetzt hier. Wir haben jetzt hier die Gespräche, wir unterstützen dich, wir helfen dir‘“* (Z. 522-527).

5.1.3 Ben Bastug: „Du gehörst jetzt nicht zu uns“

Ben Bastug ist in Afghanistan aufgewachsen und 2015 als sogenannter ‚unbegleiteter minderjähriger Geflüchteter‘ nach Deutschland gekommen. *„Ich bin seit dreieinhalb Jahren in Deutschland“* (Ben Bastug, Z. 46-47; nachfolgende Zeilennachweise beziehen sich auf das Interview mit Ben Bastug), erzählt er. Seine Familie lebt weiterhin in Afghanistan. Derzeit wohnt er in einer Gemeinschaftsunterkunft: *„Ich habe jetzt gerade ein Durchgangszimmer. Ich habe ein Zimmer, und daneben ist ein anderes Zimmer, und da wohnt mein Kollege ..., ist nicht schön“* (Z. 43-45). Er absolviert zudem eine Lehre in einem Fast Food-Restaurant (Z. 46). Angesprochen auf seine derzeitige Wohnsituation, zeigt sich Ben Bastug unglücklich: *„Ich kann dir nicht zeigen. Wenn ich das könnte, dann würdest du, du sagst: ‚Was für ein Zimmer hast du?‘ Sehr, sehr klein. Ich habe einen Tisch und einen Schrank, ein Bett in meinem ganzen Zimmer. Ich habe gar nichts mehr. Sehr enges Zimmer“* (Z. 192-195).

Jugendhilfeverlauf

Über das Ankommen erzählt Ben Bastug: *„Erst mal war ich, das war nicht da, in einer anderen Stadt ... ich war dort 20 Tage“* (Z. 116-118). Danach wird er für weitere sechs Monate in eine Flüchtlingsunterkunft im ruralen Raum überstellt. Die Begrenztheit des infrastrukturellen Angebots erleichtert das Ankommen für Ben Bastug nicht: *„Und da war keine Schule, da war gar nichts. Habe ich auch keinen Deutschkurs gemacht. Wir waren zwar Afghanen, und dann haben wir immer afghanisch gesprochen. Und hatten wir keinen so Lehrer, dass er uns hält. Und das war auch nicht einfach“* (Z. 119-123). Danach folgt ein Umzug in eine andere Stadt, in die erste Wohngruppe. Zu diesem Zeitpunkt ist Ben Bastug bereits 18 Jahre alt. *„Und die anderen* *waren zwei, drei, vier, fünf, sieben Jahre. Der erste Träger ... war am Anfang auch nicht so einfach"* (Z. 129-131). Auf diese Wohnepisode folgt ein einjähriger Aufenthalt in der zweiten Wohngruppe eines weiteren Trägers. Dort fühlt sich Ben Bastug gut durch die Fachkräfte unterstützt und absolviert seinen Hauptschulabschluss. *„Und da war alles gut"* (Z. 132-134), er hat viel gelernt und erfährt vor allem durch Unterstützung Selbstständigkeit bei der Bewältigung von lebenspraktischen Aufgaben. Die Betreuer:innen dieser Einrichtung organisieren Ben Bastug für den Anschluss eine Trägerwohnung, in der er sich ebenso wohlfühlt (Z. 138-140).

Die Wohnumstände scheinen für Ben eine relevante Größe beim Erreichen des Hauptschulabschlusses darzustellen, aber vor allem haben sie Auswirkungen auf seine subjektiv erfahrene Lebensqualität: *„Da hatte ich viel Ruhe. Und ich war mit zwei Freunden in einer großen Wohnung. Wir hatten drei Zimmer, ein sehr gutes Wohnzimmer und Balkon. Sehr gute Wohnung hatten wir. Alle drei haben wir auch Ausbildung angefangen"* (Z. 148-151). Die Fachkräfte unterstützen Ben Bastug nach Abschluss der Pflichtschule bei der Suche nach einem Ausbildungsplatz. Ben Bastug erzählt: *„Ich habe, damals haben wir noch viel Hilfe von den Betreuern bekommen. Ja. Ich habe erst mal ... angefangen im Fast Food-Restaurant"* (Z. 341-343). Dort wird ihm jedoch wenig später gekündigt. *„Da waren wir im Fast Food-Restaurant zwei Afghanen. Wir haben in gleicher Zeit angefangen. Und der hat, der eine hat Probleme mit Chef. Und der hat mit ihm diskutiert und so jeden Tag, keine Ahnung, was der sich, die zwischen einander hatten. Und der war nicht zufrieden da. Und der hat wegen ihm mir auch eine Kündigung geschickt. Und ich habe gefragt: ‚Was ist mein Fehler? Was habe ich falsch gemacht?' Und er sagt: ‚Du bist auch Afghane, und der war auch Afghane'"* (Z. 343-349). Darüber zeigt sich Ben Bastug verärgert und versucht, sich verbal zu verteidigen, doch ändert dies die Situation nicht. Innerhalb eines Monats schafft Ben Bastug es, einen neuen Ausbildungsplatz zu finden: *„Nach Praktikum haben die mir gesagt: ‚Du kannst hier Ausbildung machen'. Ich habe es ehrlich gesagt, wie mit mir passiert war und was war, habe ich dieser neuen Chefin gesagt"* (Z. 365-369). An der zweiten Ausbildungsstelle ist die Chefin sehr zufrieden mit ihm, so Ben Bastug (Z. 370).

Bei Beendigung der stationären Jugendhilfe befindet sich Ben Bastug bereits in der Ausbildung im zweiten Fast Food-Restaurant. Die aktuelle Wohnsituation in der Gemeinschaftsunterkunft nach der Jugendhilfe macht ihm sehr zu schaffen und zeigt auch Einfluss auf seine Ausbildung. Er erzählt: *„Das kann nicht jeder machen. Ich habe versucht … . Aber wenn ich z. B. nachts in, im Fast Food-Restaurant bis zwei Uhr Nacht. Wenn ich – ich laufe eine Stunde zur Arbeit und nach Hause. Eine Stunde. Achteinhalb Stunden arbeite ich. Das heißt, zehn Stunden arbeite ich mit Gehen und Kommen. Und wenn ich nach Hause komme und dann der Kollege von mir, der schläft. Und der steht wieder um sechs, fünf Uhr, acht Uhr auf. Wenn der Tür aufmacht und rausgeht, wiederkommt, für sich Tee macht, dann bin ich auch wach. Ich habe nur drei Stunden geschlafen. Und dann kann ich nicht wieder schlafen"* (Z. 213-221). Die Umstände haben bereits Auswirkungen auf seine körperliche Verfasstheit: *„Und dann habe ich ganzen Tag Kopfschmerzen. Wie kann ich dann danach lernen?"* (Z. 225-226). Hinzu kommt, dass Ben Bastug aufgrund der sprachlichen Barrieren die Schule als zusätzliche Herausforderung erlebt: *„Schule ist auch manchmal für mich sehr schwer. Weil ich verstehe nicht so gut wie ein Deutscher. Dann ist in der Schule manchmal schwer"* (Z. 564-568). Über das Asylverfahren spricht Ben Bastug kaum. Er erlebt es jedoch als zusätzlich belastend, als er einen ersten, negativen Asylbescheid erhält: *„Ja, manchmal kann sein, dass ich meine, ich hatte einen Termin bei BAMF. Und danach habe ich negative Antwort bekommen. Und die haben mir gesagt, ich muss Deutschland verlassen. Und da war ich nicht so glücklich in dieser Uhrzeit oder diese Monate"* (Z. 535-539).

Professionelle Unterstützung als Care Leaver

Als Ben Bastug das 21. Lebensjahr vollendet, werden die Hilfen vom Jugendamt nicht weiter bewilligt. Er erhält keine Nachbetreuung nach § 41 SGB VIII. Deshalb muss er in eine vom Sozialamt finanzierte Gemeinschaftsunterkunft umziehen, ebenso seine Mitbewohner: *„Und gerade, wenn wir 21 geworden sind, wir alle haben Problem. Die beiden sind jetzt auch in meinem Gemeinschaftsunterkunft, und ich bin auch"* (Z. 152-153). Obgleich er mit der Wohnsituation unglücklich ist, scheitern seine Versuche, diese zu ändern, an der Ausländerbehörde: *„Weil erst mal die haben mir keine Erlaubnis gegeben, dass ich eine Wohnung suchen darf. Weil ich nur sechs Monate*

Aufenthaltsgestattung habe. Und damals habe ich neue Ausbildung angefangen, und die haben das mir nicht erlaubt" (Z. 58-65). Hinzu kommen Ben Bastugs prekäre finanzielle Situation und die hohen Kosten am Wohnungsmarkt: *„Auch von mir das sehr, sehr teuer. In welche Wohnung ich gewohnt habe, der kostet 800 Euro. Und ich, mein Nettogehalt ist 600 Euro. Und deswegen konnte ich nicht"* (Z. 65-67). Ben Bastug deckt seinen Lebensunterhalt mit den Einkünften aus der Ausbildung zum Systemgastronomiefachmann. Die Gemeinschaftsunterkunft wird vom Sozialamt finanziert. Dennoch versucht er, die unliebsame Wohnsituation zu verändern, und hat bereits einen neuen Lösungsversuch gestartet: Ein Freund kann ihm eventuell eine Mitwohngelegenheit bieten (Z. 75-78). Die Entscheidung für den Umzug ist jedoch abhängig von der Entscheidung des Sozialamtes. Ben Bastug erzählt von seinem anstehenden Termin beim Sozialamt: *„Ich werde mit denen darüber morgen reden. Weil der Vermieter sagt: ‚Kannst du hier kommen', der andere Kollege von mir, Freund von mir, der sagt auch. Wir haben auch mit unserem Arbeitsbetrieb gesprochen, unsere Chefin, die sagt: ‚Ja, kannst du auch alles machen'. ... Aber wenn das Sozialamt immer sagt: ‚Nein', dann muss ich hierbleiben"* (Z. 237-242). Ben Bastug erlebt das Amt bzw. die dortigen Fachkräfte darüber hinaus häufig als respektlos ihm gegenüber (Z. 180-182).

Als Unterstützung nutzt er von Zeit zu Zeit das Angebot einer Art Sprechstunde der Betreuer:innen aus der ehemaligen Jugendhilfeeinrichtung, wenn seine Arbeitszeiten im Fast Food-Restaurant dies zulassen: *„Weil bei Fast Food-Restaurant, weißt du auch, wann man Dienst hat, weiß man nicht. Nachtdienst, Frühdienst, Spätdienst. So. Und der Schichtplan habe ich nicht wie vorher"* (Z. 91-94). Die Fachkräfte der Jugendhilfe sind für ihn vor allem bei lebenspraktischen Angelegenheiten Ansprechpartner. *„Manchmal ich rufe da an. ... Sie helfen mir"* (Z. 307-309). Schon während der Zeit in der zweiten Wohngruppe, aber auch später in der Trägerwohnung wird er von den Betreuer:innen bei allen Angelegenheiten, die eine selbständige Lebensführung betreffen, unterstützt. *„Die haben uns viel geholfen. Viele Sachen haben die uns erklärt. ... . Das hatten die mir gezeigt"* (Z. 394-400). Auch auf die emotionale Unterstützung kann Ben Bastug während der Jugendhilfezeit vertrauen: *„Ich habe gesagt: ‚Nein, ich kann nicht einen Arzt damit brauchen', die haben gesagt: ‚Quatsch, machst du das.*

Ich geh' raus, und du machst das'" (Z. 398-399). Er beschreibt, dass ihn der Zuspruch durch die Fachkräfte motiviert und er dies als hilfreich erlebt (Z. 399-401). Dazu nennt er beispielhafte Situationen, in denen er sich weiterhin an die ehemaligen Betreuer:innen wendet: *„Die waren vorher unsere Betreuer, als ich in Trägerwohnung gewohnt habe. Zu denen gehe ich schon, wenn z. B. eine schwierige Post habe oder was überweisen muss oder Schule was schwierig habe"* (Z. 464-467). Ebenso in Bezug auf seine prekäre Wohnsituation sind die ehemaligen Betreuer:innen noch heute seine Anlaufstelle: *„Morgen ist Donnerstag. Ich habe gerade Urlaub am Morgen. Und dann gehe ich auch zu diesen zwei Stunden, dass die mir auch helfen. ... Wenn man eine Wohnung sucht, dann bekommt man viel Papier ... , das mir ein bisschen schwer ist"* (Z. 495-500).

Trotz dieser Unterstützung kommt Ben Bastug nicht über das plötzliche Ende der Jugendhilfe hinweg. Am Ende der Jugendhilfemaßnahme wäre es vonnöten gewesen, ihn im Sinne einer transparenten Informationsübermittlung einzubinden bezüglich des bevorstehenden Auszugs bzw. anderer Wohnmöglichkeiten: *„Die Betreuer wussten das. Und dass ich in eine Gemeinschaftsunterkunft gehen muss. Die konnten da vorher uns helfen und sagen: ‚Ihr könnt alle drei eine gute Wohnung suchen. Vielleicht ihr drei findet was'. Und da haben die am Ende nicht so gut geholfen. ... Ja, wir wussten das nicht, dass wir auch müssen in eine Gemeinschaftsunterkunft gehen. Wir wussten das nicht"* (Z. 408-421). Viel zu spät erfährt er von seinen Betreuer:innen, dass er und seine Mitbewohner von nun an nicht mehr durch die Jugendhilfe unterstützt werden und die Trägerwohnung verlassen müssen: *„‚Jetzt können wir gar nichts machen. Du gehörst jetzt nicht zu uns'. Auf einmal war das, weil wir haben vorher nicht so viel Ahnung gehabt. Und dann musste ich vor zehn Tagen das machen. Ich habe dann die Wohnung geschaut, und die meinte ich, in Gemeinschaftsunterkunft meine ich"* (Z. 426-432). Die Betreuer:innen der Einrichtung fühlen sich nicht mehr zuständig für Ben Bastug, der sich in der unsicheren und überraschenden Situation an sie wendet: *„Ja, weil Betreuer haben gesagt, das ist jetzt nicht in unserer Hand. Und das können wir auch nicht entscheiden'"* (Z. 178-180). Er resümiert: *„Dieses am Ende war auch nicht so okay"* (Z. 550).

Beziehung(en), gesellschaftliche Teilhabe und soziale Unterstützung

Ben Bastug hat nur sporadischen Kontakt zu den ehemaligen Bezugsbetreuer:innen der Trägerwohnung, obwohl diese laut seiner Auskunft fast eine familiäre Funktion für ihn hatten (Z. 391-394). Kontakt zur Einrichtung sucht er primär bei ganz alltäglichen Fragestellungen, z. B. in Bezug auf Unklarheiten bei Behördengängen oder Briefen durch das Sozialamt: *„Ja, manchmal ich rufe da an. Oder wenn ich z. B. einen schwierigen Brief bekomme und wenn ich den nicht verstehe, so was, die helfen mir"* (Z. 307-309). Neben den professionellen Kontakten über diese ‚Sprechstunde' hat Ben Bastug im Rahmen der Jugendhilfe auch einen Freund gewinnen können, eben jenen, der ihm aktuell angeboten hat, mit ihm zusammenzuziehen (Z. 75-77). Zu seiner Familie hat Ben Bastug kaum Kontakt, da der Austausch stets schmerzlich ist. Er erlebt es als sehr belastend, von der problematischen Situation zu Hause zu erfahren, ohne helfen zu können: *„Ehrlich gesagt, 15 Tage oder 20 Tage haben wir keinen neuen Kontakt. Ja. Ehrlich gesagt, ich will auch nicht mit denen Kontakt haben. Weil momentan meine Probleme sind hier so viele. Wenn man von da hört, dann wird man verrückt. Meine Mama ist sehr stark krank, und sie hat Krebs im Hals. Und ich habe einen kleinen Bruder, eine kleine Schwester. Wenn ich sage, dann die weinen, und ich kann von hier gar nichts machen. Und dann geht es mir noch schlimmer. Und sage ich: ‚Was soll ich jetzt machen? Diese Probleme lösen, da lösen, was soll ich machen?'"* (Z. 269-281). Gleichzeitig ist er in Deutschland mit der Bewältigung seiner eigenen schwierigen Situation befasst.

Nach Beendigung seiner Ausbildung soll Ben Bastug im Ausbildungsbetreib auch eine Anstellung erhalten (Z. 370-371). In der Arbeitsstelle fühlt er sich gut eingebunden und besser vor diskriminierenden Angriffen geschützt. Seine Versuche, seine aktuelle Wohnsituation aktiv zu verbessern, laufen hingegen trotz der vorliegenden Argumente im Austausch mit dem Sozialamt ins Leere und verstärken immer wieder das Gefühl, hier nicht willkommen zu sein. *„Wenn ich z. B. drei Jahre Ausbildung, zwei Jahre Ausbildung mache, und danach schaffe ich nicht, wer ist dann daran schuld?"* (Z. 187-192). Hingegen zeigen sein soziales Umfeld sowie sein Ausbildungsbetrieb Verständnis für sein Ansinnen um eine bessere Wohnsituation: *„Wir haben* *auch mit unserem Arbeitsbetrieb gesprochen, unsere Chefin, die sagt: ‚... Wenn du das Formular zu uns schickst, kannst du das auch machen'"* (Z. 238-241).

Gesamtbewertung und offene Wünsche

Ben Bastugs Bewertung seiner Jugendhilfezeit fällt überwiegend positiv aus. Er vermittelt den Eindruck, gut auf das Leben danach vorbereitet worden zu sein (Z. 545). Insbesondere in der zweiten Wohngruppe fühlt er sich aufgehoben und unterstützt, er absolviert dort seinen Hauptschulabschluss: *„Wenn ich jetzt heute, das gebe ich viele Punkt von meinen Betreuern und Betreuerinnen. Und auch unserer Lehrerin. Die haben uns sehr, sehr viel geholfen"* (Z. 132-137). Insbesondere aufgrund des Fluchtkontextes nehmen die Fachkräfte eine wichtige Rolle für Ben Bastug ein, da sich seine eigene Familie weit weg in Afghanistan befindet: *„ ... wie meine Familie"*, betont er (Z. 391-394). Als er sich beispielsweise nach Nahrung aus seiner Heimat sehnt, unterstützt ihn eine Fachkraft dabei, ein Geschäft für afghanische Lebensmittel zu besuchen: *„Weißt du, manchmal habe ich mir gewünscht, ich bin in Deutschland. Wäre gut, wenn ich hier eine afghanische Essen könnte. Haben die gesagt: ‚Doch, kannst du das auch machen, wir fahren in eine andere Stadt, da ist afghanische Geschäfte. Was du willst, kannst du für dich kaufen'. Und dann habe ich gemerkt, wie mein Familie, ich war sehr zufrieden"* (Z. 531-534). Die existenzielle Erfahrung der Flucht beeinflusst Ben Bastugs Bewertung der Zeit während der Jugendhilfe, so sagt er: *„Also zu dem muss ich sagen, ich muss das nicht vergessen, wenn jemand mir hilft. Denn wenn man das vergisst, dann ist der von meiner Meinung, dass er ein sehr kleiner Mensch. Die haben mir sehr, sehr viel geholfen. Und das, dass ich leben, das kann ich nicht vergessen"* (Z. 528-531).

Starke Kritik äußert Ben Bastug aber in Bezug auf die unzureichende Ankündigung und Transparenz der Beendigung der Jugendhilfemaßnahme seitens der Fachkräfte der Trägerwohnung, diesbezüglich fühle er sich *„nicht so gut"* (Z. 411) unterstützt. Als herausfordernd erlebt Ben in der Zeit nach der Jugendhilfe vor allem seine veränderte Wohnsituation in der Gemeinschaftsunterkunft, die eng verwoben ist mit seiner prekären finanziellen Situation. *„Ich wohne in meiner eigenen Kleidung, und wenn ich das anziehe, das habe ich im Keller. Aber in meinem Zimmer ich habe keinen Platz. Alle Sachen von mir in zwei Keller"* (Z. 433-435). Der beengte Wohnraum in der

Gemeinschaftsunterkunft, in der er kaum die nötige Erholung und Ruhe zum Lernen für die Ausbildung findet, belastet ihn sehr: *„Und die gehen raus, kommt rein, die stören mich, ich störe die. Und das Leben ist einfach nicht so schön. Vorher war ich in Wohngruppe. Da war alles cool. Danach hatte ich ein Jahr ein Trägerwohnen, da war auch alles gut. Und seit 15. Februar bin ich da und ist mir sehr, sehr schwer"* (Z. 49-53). Die für ihn schwierige Wohnsituation hat Auswirkungen auf sein Schlafverhalten und in weiterer Folge auf seine Gesundheit. Auch fühlt er sich von den Behörden missverstanden und nicht gehört: *„Ich habe gesagt: ‚Ich will keine Wohnung für mich. Aber ich will nur wissen, dass ihr das versteht. Ich bin kein Deutscher, ich bin ein Ausländer. Aber ich bin ein Flüchtling. Ich bin seit drei Jahren in Deutschland. Ich will meine Ausbildung schaffen'"* (Z. 187-192). Auch bezogen auf die Ausbildungssituation äußert Ben Bastug den Wunsch nach stärkerer Unterstützung beim Lernen: *„Zum Beispiel bei Schule. Ich bin in der Klasse einziger Ausländer. ... Könnte das auch sein, dass wir ein bisschen Nachhilfe bekommen oder nicht mir, dass alle Ausländer. Wenn das ein bisschen mehr Hilfe bekommen, in Deutschland zu lernen, Deutsch lernen, dann wäre gut, meiner Meinung nach. Weil so schafft man das Ausbildung nicht"* (Z. 561-569).

5.1.4 Denis Daskalow: „Ich glaube, das ist irgendwie vor allem Überleben sozusagen"

Denis Daskalow ist in Osteuropa aufgewachsen, und *„da läuft die Welt ein bisschen anders"* (Denis Daskalow, Z. 1017; nachfolgende Zeilennachweise beziehen sich auf das Interview mit Denis Daskalow). Er erzählt, keine leichte Kindheit gehabt zu haben: *„Nicht alles war schlecht, aber es war trotzdem schwere Kindheit"* (Z. 1647). Sein Vater ist suchtkrank und verstirbt früh, lernt er seine Mutter kaum kennen. Zudem spricht er von körperlichen Gewalterfahrungen durch den Vater (Z. 1681 und Z. 1703-1704), bezeichnet diese jedoch nicht als solche: *„Ich habe mal Tüten angezündet als kleines Kind ... , da hat es mich durch den ganzen Flur geschoben nach der Ohrfeige. Ja, aber verdient. Mein Papa hat mich nur geschlagen, wenn ich es verdient habe. ... Ich würde niemals meine Kinder schlagen, aber mein Papa, also, das war verständlich"* (Z. 1679-1690). Denis Daskalow beschreibt sich selbst als schwieriges Kind: *„Ich war als Kind sehr, ... ich war auch ein Teufel. Also, ich war nicht einfaches Kind"* (Z. 1644-1647). Er berichtet, sein Vater habe ihn aufgrund der

Suchterkrankung nicht regelmäßig mit Lebensmitteln versorgen können: *„Es gab nicht oft was zu essen. Bin immer zum Nachbarn essen gegangen. ... Bei den Arabern"* (Z. 1727-1729). Die Situation verschärft sich weiter, als Denis Daskalow mit seinem Vater nach Deutschland umzieht: *„Und es gab auch bei meinem Papa nie viel zu essen, weil er viel getrunken hat, und das ist dann schlimmer geworden, als wir nach Deutschland gezogen sind. Das war alles echt. ... Ja, so geteilt. So, es war gut, es war schlecht gleichzeitig. ... Mein Papa war da für mich, aber gleichzeitig auch nicht"* (Z. 1729-1734). Derzeit wohnt Denis Daskalow in einer staatlichen Wohngruppe. Er hat eine Verlobte, die mit ihrer Familie in Polen lebt und dort die Schule besucht (Z. 727).

Jugendhilfeverlauf

Nach dem Tod des Vaters wächst Denis Daskalow in diversen Jugendhilfekontexten auf. Er resümiert im Gespräch, acht Jahre Jugendhilfeerfahrung gemacht zu haben, bis zu seinem 18. Lebensjahr (Z. 27-28). Dabei erlebt er diverse Jugendhilfemaßnahmen und deren Abbrüche: *„Jugendheime, Pflegefamilien, Time-outs, Therapien. Also nicht das Übliche"* (Z. 32). In der ersten stationären Einrichtung verbringt Denis Daskalow ca. sechs Jahre (Z. 237). Er erlebt sie als sehr rigide: *„Im Heim, das war ja ... wie eine Diktatur ... , wenn man jeden Morgen aufstehen muss, Zimmer saugen muss, Oberflächen abwischen muss, dann das Bad putzen muss, dann die Küche putzen muss, jeden Morgen mit zwölf Jahren, dann ist das, glaube ich, ein bisschen zu viel verlangt"* (Z. 176-187). Die Jugendhilfezeit verläuft aus seiner Perspektive daher nicht konfliktfrei: *„Auch als ich ganz am Anfang in der Jugendhilfe gekommen bin ins Heim, ... nach der Pflegefamilie, mit neun, zehn ... Jahren. Wurde von den Erziehern auch vom Tisch geschlagen und sonst was"* (Z. 67-70). Aber auch später scheinen aus seiner Perspektive immer wieder belastende Ereignisse Teil seiner Jugendhilfeerfahrung zu sein: *„Ich habe viele schlechte Erfahrungen gemacht in der Jugendhilfe. Von Erziehern geschlagen. Pfff. Ohne Grund. Nutella-Brot zu viel geschmiert. Dafür habe ich eine Ohrfeige gekriegt im Heim, als ich neu war. Dann wollte ich das anzeigen, und da hat mir niemand geglaubt"* (Z. 134-137). Während manche der anderen Kinder und Jugendlichen an den Wochenenden oder in den Ferien nach Hause zu den Eltern können, bleibt Denis Daskalow in der Jugendhilfeeinrichtung: *„Ja, vor allem keine Eltern, keine Mutter ... . Es gab keinen, der mich unterstützt hat. Auch am*

Wochenende war ich auch immer im Heim, wo die anderen nach Hause gegangen sind, Weihnachtsferien und sonst was und zurückgekommen sind und das schön erzählt haben" (Z. 162-165).

In seiner Jugendhilfezeit erlebt Denis Daskalow zu wenig Bemühen vonseiten der Fachkräfte: *„Das war denen egal"* (Z. 166-169). Er beschreibt sich selbst in dieser Zeit als autonomiestrebend, womit das seiner Meinung nach streng geführte Heim nicht umgehen kann: *„Sobald man nicht nach der Pfeife von den Erziehern getanzt hat und genau das gemacht hat, was die wollten, ... hatte man nur Nachteile. Und ich war immer einer, der seine eigene Meinung hatte. ... Ich war nie ein Mensch, den man halten konnte. Ich war immer ein Mensch, wo es einfach hieß: ‚Ich mache das, worauf ich Lust habe. Ich lasse mir nicht großartig was sagen, weil es schon immer so war. Und ich helfe mir auch immer selbst'"* (Z. 222-228). In dieser Zeit ist Denis Daskalow auch das erste Mal abgängig: *„Mit zehn, glaube ich, ... da war ich, glaube ich, in Berlin. In den Zug eingestiegen, ab nach Berlin ... . Und am selben Tag wieder zurückgefahren"* (Z. 1460-1462). Er erlebt diese Erfahrung und auch die darauffolgenden als entlastend: *„Das hilft. ... Dann schaltest du einfach mal ab, dann bist du mal nicht gebunden an diesem Heim. Hat mir oft geholfen. Bin oft abgehauen. ... Einfach in einen Zug gestiegen und wieder raus, wo er mich hingebracht hat, und wieder zurückgefahren. Habe mir dort alles angeguckt"* (Z. 1455-1460). Vertrauen, so Denis Daskalow, hat er in dem Heim verlernt (Z. 230-233). Als positiven Aspekt nennt er im Nachhinein jedoch die klare Regelvorgabe in der ersten Einrichtung und begründet dies: *„Struktur. Erziehung. ... Das war die Gruppe, wo gesagt hat, morgens Zimmer putzen, dies, das. Aber dort habe ich eine Erziehung gepflegt, die ich mein Leben lang nie vergessen werde"* (Z. 962-972).

Nach einem Gewaltdurchbruch muss Denis Daskalow das Heim wechseln: *„Ich habe mit den Jugendlichen und Erzieher angelegt. Also, ich habe ein Aggressionsproblem, und ... dann kam der Erzieher oder Jugendliche, sind auf mich los, und da habe ich mich gewehrt. ... Und dann kam das halt dazu, dass die zwei, dass einer von denen ins Krankenhaus musste. ... Und dann hieß es, ich soll raus aus dem Heim ... . Ich war immer schuld. Ich war immer schuldig. ... Es gab immer auch, wo Erzieher darauf rumgestichelt haben"* (Z. 253-266). In dem neuen Heim erlebt er neue Freiheiten:

„Lief es dann besser. Da wurde man auch älter behandelt. Durfte mal raus. Also lange raus" (Z. 174-175). Auch empfindet er die Einrichtung als stärker förderlich für seine Entwicklung: *„Ich bin der mit dem besten Abschluss aus dem ganzen Kreis. Dort habe ich mich entwickelt. Dort ging es mir besser"* (Z. 283-287). Denis absolviert letztlich den Hauptschulabschluss (Z. 609). Zeitgleich jedoch beginnt er, Drogen zu konsumieren, lernt einen, wie er sagt, falschen Freundeskreis kennen und wird straffällig: *„Und kam ... aber die Drogensucht noch. Das war dann alles ein bisschen viel. Abgerutscht in Kriminalität ... . Falsche Freunde kennengelernt, und dann ist abgerutscht. ... Nicht zur Ausbildung hingegangen, obwohl man einen Ausbildungsplatz hatte, und Realschule nur halbjährlich gemacht. Die Chance gab es, ins Gymnasium zu gehen. Nicht gegangen. ... Das waren alles so Nachwirkungen einfach. Man kann es nicht erklären, warum das alles passiert ist"* (Z. 287-294). Denis Daskalow berichtet von diversen Anzeigen während seiner Jugendhilfezeit, z. B. aufgrund von Körperverletzung, einem Verstoß gegen das Betäubungsmittelgesetz und Sachbeschädigung (Z. 1345-1346). Weitere Wechsel greifen nicht mehr bis zur letzten Pflegefamilie. Dort würde er gerne bleiben, doch die Maßnahme wird nicht mehr bewilligt. Nach einer Irrfahrt durch verschiedenste Aufenthalte landet er in einer Flüchtlingsunterkunft. Erst vor Kurzem zog er in eine staatliche Einrichtung.

Professionelle Unterstützung als Care Leaver

Vonseiten der Jugendhilfe erhält Denis Daskalow keine Nachbetreuung nach § 41 SGB VIII. Er berichtet jedoch von einem Gefühl der Überforderung, da er mit der Situation konfrontiert ist, von nun an eigenständig zu leben: *„Sie meinten, ich sei zu selbständig. Ich würde alles schon selbst hinkriegen. Man würde nur Kopf an Kopf geraten. Und das fand ich nicht in Ordnung, weil das einfach nicht gestimmt hat. Wie soll ich mit 18 Jahren, gerade frisch 18 geworden, alles schon wissen?"* (Z. 42-45). Er erzählt von der schwierigen Situation nach Beendigung der Hilfe: *„Wo komme ich jetzt erst mal unter, war, glaube ich, das Schwierige"* (Z. 776-778). Nach erfolgreicher Beendigung seiner Drogentherapie wird er im Rahmen der Jugendhilfe nicht, wie versprochen, in einer Einrichtung für Betreutes Wohnen, sondern in einer Flüchtlingsunterkunft untergebracht: *„Bis ich gesagt: ‚Hey, das meint ihr nicht ernst. Ich wäre jetzt im Betreuten Wohnen. Ich will jetzt unbedingt ins Betreute Wohnen.' Und* *dann habe ich gesagt: ‚Ich mache so lange nichts, bis ihr mich ins Betreute Wohnen gesteckt habt. Das war die Abmachung.' Es hieß zu mir: ‚Beendest du deine Therapie erfolgreich, kommst du ins Betreute Wohnen'"* (Z. 520-524). Er fühlt sich nicht verstanden, kann die Entscheidung der Fachkräfte nicht nachvollziehen und fühlt sich um den Wohnplatz betrogen: *„Das wurde auch nicht eingehalten"* (Z. 524-525). Darauf folgt der Abbruch der Jugendhilfemaßnahmen. Die Fachkräfte, so Denis Daskalow, waren der Meinung, er würde nur mit ihnen und anderen Jugendlichen aneinandergeraten (Z. 43).

Über seine aktuelle Wohneinrichtung sagt Denis Daskalow: *„Ohne so eine Einrichtung wie hier wäre ich jetzt auf der Straße, und ich hätte keine Chance zu arbeiten, weil ohne Arbeit keine Wohnung, ohne Wohnung keine Arbeit"* (Z. 778-780). Aktuell wird er von der Sozialarbeiterin der Wohneinrichtung unterstützt, u. a. bei der Beantragung von ALG II, denn: *„Die ziehen da gerne einen mal über den Tisch, wenn man nicht alles weiß. ... Und dann geben sie dir jetzt das, das, das, das. Alles am Ende, wenn du arbeitest, kriegst du eine Rechnung, sagst, das musst du zurückzahlen. Und deswegen finde ich es super, dass es so Einrichtungen gibt"* (Z. 790-793). Alleine hat Denis Daskalow allerdings seine zukünftige Lehrstelle in einem Malereibetrieb organisiert: *„Eigenständig. Ich habe einfach alle Malerbetriebe rausgesucht. Dann habe ich das Telefon in die Hand genommen und habe jeden Betrieb angerufen und habe gefragt, ob sie jemand zur Ausbildung suchen. Und überall, wo sie ja gesagt haben, habe ich mich eben beworben ... , waren sehr nett ... . Ich hoffe mal nicht, dass es wieder so einer ist, wo ich dann später wieder enttäuscht werde, aber ... dafür gibt es noch andere Möglichkeiten. Wenn nicht, gehe ich in die Reha-Ausbildung"* (Z. 1206-1217). Denis Daskalow hätte sich aber Unterstützung beim Bewerbungsprozedere gewünscht: *„Jemandem beibringen, wie ein Lebenslauf geschrieben wird vielleicht oder eine Bewerbung. Vielleicht mal Betriebe raussuchen, weil der das einfach nicht kennt. Wie eine Mutter das machen würde. Oder ein Vater ... , aber das wird einem nicht gegeben ... . Jemand hat mit 15 Jahren seinen Schulabschluss gemacht, und dann soll er in die Arbeitswelt und hat aber keine Ahnung, wie"* (Z. 889-896).

Den Grund für die Beendigung der Jugendhilfemaßnahmen sieht er in Konflikten, die im Rahmen der Jugendhilfe mit den Fachkräften und anderen Jugendlichen entstehen. Diese z. T. tätlichen Auseinandersetzungen sind nach Denis Daskalow wiederum Folge der zahlreichen Abbrüche, die er im Rahmen der Jugendhilfe bereits erlebt hat. Nie konnte er an einem Ort ankommen, fühlt sich immer hin- und hergeschoben. Das sieht er als großes Manko: *„Du wurdest ständig hin- und hergeschoben. Bist psychisch einfach ein Wrack"* (Z. 1240-1245). Im Gespräch benennt er rückblickend jedoch: *„Aber das waren auch viele Fehler meinerseits auch. Also, ich sage jetzt nicht, dass ich ein Unschuldslamm bin"* (Z. 117-126). Er erklärt sich sein konfliktbeladenes Auflehnen gegen Autoritäten so: *„So habe ich es dann halt eben so immer gesehen: ‚Wenn man sein ganzes Leben lang in Pflegefamilien, Heimen war, dann kennt man nur diese Strukturierung von ‚Erzieher ist Chef und Jugendlicher ist, der gehorchen muss'‘"* (Z. 97-99). Irgendwann passte ihm dieser Umstand einfach nicht mehr (Z. 100). Die aktuelle finanzielle Situation beschreibt Denis Daskalow als prekär: *„Das einzige Problem, was es hier drin gibt, ist echt das Geld. ... Also, das ist echt zu knapp"* (Z. 1392-1398). In der Wohngruppe wird er von einer Sozialarbeiterin unterstützt. Diese ist eine der ersten Personen, die er als hilfreich erlebt und zu der er Vertrauen fassen konnte (Z. 1226-1231). Er beschreibt, dass er immer versucht, weiterzumachen: *„Ich bin jetzt 19. Ich fange jetzt gerade noch mal eine Ausbildung an. Müssen Sie sich mal vorstellen. Jeder andere ist jetzt fertig. Aber trotzdem kriege ich noch meine Füße hoch und versuche, weiterzumachen"* (Z. 1051-1054).

Beziehung(en), gesellschaftliche Teilhabe und soziale Unterstützung

Als Denis Daskalow seine Verlobte kennenlernt, geht es ihm laut eigener Auskunft nicht gut: Er konsumiert zu diesem Zeitpunkt diverse Substanzen und gerät in Schlägereien. Zudem lebt er in der Erwartung, ins Gefängnis zu müssen und damit endgültig auf die schiefe Bahn zu geraten (Z. 1305-1311). In der stationären Drogentherapie lernt er seine zukünftige Verlobte kennen: *„Schon ein halbes Jahr vorher war ich mit meiner Frau zusammen. Das ging auf die Therapie zurück. Ich habe meine Frau in der Therapie kennengelernt. Die hat ja ein bisschen Drogen genommen. Sie hat paar Mal gekifft und ihre Mutter hat sofort Terror geschoben, und sie musste sofort in Therapie. Also bei ihr war es nichts Großes, aber dort habe ich sie kennengelernt"* (Z. 1191-1196). Die Therapie, die mit dem Kennenlernen seiner Verlobten zusammenfällt, erlebt er als positiv, meint sogar, ohne die Therapie möglicherweise bereits tot zu sein. Die Beziehung zu seiner Frau ist sehr eng: „*Ausnahmslos würde ich für sie alles tun. Ausnahmslos. Ihr Leben steht vor meins. So fühle ich mich. ... Ich würde für sie alles tun*“ (Z. 1311-1316). Denis Daskalow hegt keine Zweifel an der Stabilität und Dauer der Beziehung zu seiner Verlobten: „*Viele Menschen sagen zu mir: ‚Ja, ist nur Jugendliebe, und mache dir da nicht so viel Hoffnung, dass es für immer bleibt.‘ Aber man merkt das ... . Man weiß, man bleibt für immer mit dieser ... . Es gibt dann einmal diese Person, diese eine Einzige, wo man weiß: ‚Du bleibst.‘ Und das ist bei ihr so. ... Das weiß ich. Das ist was anderes. ... Diese Person bleibt bei mir, obwohl ich nichts habe. Und sagt mir trotzdem, dass sie mich liebt. Und deswegen denke ich, dass es die Richtige ist, oder ich weiß es. Und sie weiß es auch*“ (Z. 1073-1087).

Auch die Familie seiner Verlobten, vor allem die Mutter, erlebt Denis Daskalow als unterstützend: „*Das sind jetzt Sintis und die Mutter hat sich mir also ... wie verpflichtet. Die nimmt mich auf wie ihr Kind. Deswegen hilft sie mir auch. Sie hat es sich zu ihrer Aufgabe gemacht, dass ich meinen Vater und meine Mutter, hat sie sich das zur Aufgabe gemacht, mir zu helfen. Auch enttäuscht, wenn ich was nicht hinkriege. Und sauer. Dann kriege ich auch ... Ärger*“ (Z. 351-355). Diese Eingebundenheit ist der Grund, warum er den Drogenkonsum beendet hat: „*Von einem auf den anderen Tag habe ich aufgehört, weil ich mit meiner Frau zusammengekommen bin. Sie hat mir da rausgeholfen. ... Familie hat mir auch da rausgeholfen*“ (Z. 330-334). Denis Daskalow besucht regelmäßig seine Verlobte und deren Familie in Polen: „*Ich fahre nach Polen jedes Wochenende. Also meistens. So oft es funktioniert. ... Aber das ist ja alles kein Problem. Weil sie unter der Woche selber was zu tun hat, und ich habe auch ein paar Sachen zu tun. Also, ist jetzt nicht so schlimm*“ (Z. 732-735). Später möchte er eventuell eine eigene Familie gründen: „*Vielleicht ein paar Kinder machen, und dann bin ich glücklich*“ (Z. 1270-1271). Über den Anschluss an die Familie seiner Verlobten sagt er: „*Wissen Sie, ich meine, nur die Familie meiner Frau, das ist ja auch schwer und alles. Es ist ja auch meine Familie, aber es ist, ... wie soll ich das erklären, man wünscht sich auch, seine Familie zu haben. Wissen Sie, was ich meine? Ja, seine eigene, ach es ist so schwer zu erklären, sein Eigenes, seins, meins*“ (Z. 1668-1671). Die Beziehung mit dem Stiefvater der Verlobten zeigt sich aus Denis Daskalows

Perspektive z. B. schwierig: *„Ich habe das Gefühl, er mag mich nicht, weil, das ist der Stiefvater, und er sieht mich als Bedrohung genau deswegen, weil ich eine eigene Meinung habe, glaube ich. Und weil ich auch, ich jetzt von seiner Tochter, die er jetzt aufgezogen hat, sie schützt jetzt. Und jetzt ist das nicht mehr seine Aufgabe"* (Z. 381-385).

Über sein derzeitiges sonstiges Umfeld sagt Denis Daskalow: *„Mein ganzes Umfeld ist immer noch kein besonders gutes. Aber mittlerweile weiß ich, wie ich mit so Leuten umgehe. Und lasse mich nicht mit reinziehen"* (Z. 913-915). Er schildert zudem, dass er es vorzieht, mit Frauen zu tun zu haben, da er körperliche Gewalt immer nur von Männern erfahren hat: *„Aber ich respektiere eigentlich fast nur Frauen. Also, ich habe sehr starkes Problem mit Männern. Ich mag keine Männer ... , verstehe mich nicht mit Männern. Ich bin da sehr, weil, immer wenn ich körperlich von einem Erwachsenen angelangt worden bin oder so, war das immer ein Mann. ... Nur Probleme mit Männern"* (Z. 359-365). Wenn Denis Daskalow über seine Herkunftsfamilie spricht, hat er jedoch nur positive Worte für seinen bereits verstorbenen Vater, die kaum bekannte Mutter lehnt er hingegen ab: *„Ich wünsche mir, also, das hört sich vielleicht hart an, aber ich wünsche mir, meine Mutter wäre gegangen, anstatt mein Vater. Es wäre mir andersrum lieber gewesen"* (Z. 1743-1756). Wenn der Kontakt zu ehemaligen Einrichtungen Gesprächsthema wird, gibt Denis Daskalow an, hin und wieder Austausch mit den Pflegefamilien, aber keinen Kontakt mehr zu den Heimen zu haben (Z. 481-482). Im Rückblick kann er sich neben den vielen schwierigen Erlebnissen auch an gute Beziehungserfahrungen in einer Einrichtung erinnern: *„Na, wir hatten viele coole Erzieher. Es gibt einen, werde ich niemals vergessen, Herr X, den werde ich niemals vergessen. Der war der Coolste. ... Mit dem habe ich mich immer gerauft"* (Z. 1629-1634). Demgegenüber benennt er auch Schwierigkeiten hinsichtlich seiner beruflichen Karriere und Teilhabe, die sich für ihn nach der Jugendhilfe stigmatisierend aufgetan haben: *„Aber so leicht ist es nicht. Es ist nicht so leicht, wie die Schule das einem verklickert. Ja, du machst deine Schule und danach kriegst du deine Ausbildung. Nach der Ausbildung nimmst du deine erste Wohnung. Niemals funktioniert das so einfach. Das habe ich gemerkt. Das war echt nicht* *einfach. Also, es ist bis jetzt nicht einfach. Es ist, man wird oft abgewiesen, weil man so eine Vergangenheit hat. ... Und das nervt mich abartig"* (Z. 821-834).

Gesamtbewertung und offene Wünsche

Denis Daskalow bewertet die erfahrenen Jugendhilfemaßnahmen sehr ambivalent, denn neben wenigen positiven Aspekten berichtet er von vielen, aus seiner Perspektive schlechten Erfahrungen (Z. 131-135). Er ist der Meinung, dass ihm seine Kindheit genommen wurde: *„Jedes Kind träumt doch, will doch nur ... , jedes Kind träumt nur von der Kindheit"* (Z. 1000-1001). Aufgrund dieser Erfahrungen wünscht er sich seinen eigenen Ort, seine Wohnung, die er durch seinen Job finanzieren kann: *„Man fühlt sich nirgendwo angekommen. Und ich wünsche mir einmal diesen Tag, an dem ich meine Ausbildung habe, in meine Wohnung fahre und mich da hinlegen kann und weiß ... : ‚Ich bin ich angekommen. Hier muss ich jetzt nicht weg. Hier muss ich mir keine Gedanken machen.' Und das will ich"* (Z. 1248-1254). In einem Nebensatz erwähnt Denis Daskalow, sich nach wie vor Unterstützung durch die Jugendhilfe, in Form des Betreuten Wohnens, zu wünschen (Z. 1254-1256). Über seine Vorstellung von einem gelungenen Aufwachsen in einem Heim erzählt er: *„Das sollte mehr so Heim wie Familie werden. ... So eine Wohnung, ... mit zwei, drei anderen Jugendlichen. So wie Mehrfamilienhäuser"* (Z. 1651-1663). Zu den wenigen positiven Aspekten seiner Heimerfahrung gehört für Denis Daskalow das Erlernen von Struktur und einem respektvollen Umgang miteinander: *„Das war gut. Das war einer der wenigen Sachen, die sie gut gemacht haben. Vielleicht zu streng, aber vielleicht war genau das richtig. Vielleicht sehe ich das heute vielleicht ein Tick anders noch als früher, aber es war trotzdem zu viel, glaube ich"* (Z. 996-999). Sein Traum ist es, als Sozialarbeiter zu arbeiten: *„Aber dafür muss ich studieren. Dafür brauche ich ein Fachabitur"* (Z. 1382). Er möchte daher lieber realistisch auf seine Zukunft blicken: *„Alles, was Träume sind, das kommt erst mal an zweiter Stelle. Die kann ich mir immer noch erfüllen. Aber alles, was wichtig ist, das muss jetzt kommen"* (Z. 1388-1392).

Denis Daskalow wünscht sich ein ‚normales' Leben, möchte ein *„normaler Mensch"* (Z. 1277) sein. Seine Pläne sind überwiegend am Erhalt seiner Wohnsituation und an der geplanten Ausbildung orientiert. Der Abschluss der Ausbildung und die Einkünfte dadurch sollen es ermöglichen, seinem Wunsch nach dem Führerschein und längerfristig nach einem Umzug nach Polen näherzukommen: *„Hauptsache, ich habe ein Dach über dem Kopf, habe danach meine Ausbildung, und danach möchte ich sowieso nach Polen ziehen. ... Mache hier noch meinen Führerschein. Mache meine Ausbildung hier, und dann gehe ich nach Polen. Also, ich habe gemerkt, das ist sehr große Voraussetzungen in Polen. Man braucht unbedingt einen Führerschein und eine Ausbildung. Und deswegen arbeite ich dann auch bis zur Ausbildung bei denen, bei der Malerfirma mit einem kleinen Arbeitsvertrag. Dann möchte ich das Geld gerne auf die Seite sparen"* (Z. 685-693). Er wartet darauf, eine stationäre Therapie zu beginnen: *„Ich muss meine Kindheit aufarbeiten, warum ich so gefühlskalt bin. Warum ich so schnell aggressiv und impulsiv werde ... . Einfach viele Probleme, mal gucken, was da nicht stimmt"* (Z. 629-631). Danach möchte er eine Ausbildung in einem Malerbetrieb in einer anderen Stadt starten (Z. 604).

Über die jetzige Wohneinrichtung fällt er abschließend ein positives Urteil, weil sie ein Umdenken hinsichtlich der eigenen Voreingenommenheit gegenüber anderen Menschen bewirkte: *„Hier drin, was man hier sehr gut lernt, ist, Vorurteile zu vergessen. Weil, hier gibt es Menschen, die würde ich draußen auf der Straße, hätte ich damals niemals angesprochen. Niemals. Hier drin habe ich gelernt, noch mehr gelernt, dass Mensch Mensch ist"* (Z. 1143-1146). Für Denis Daskalow sind daher Diskriminierungen aufgrund der Vergangenheit im Heim ein wichtiges Thema: *„Wir werden durch unsere Herkunft, und durch alles werden wir ein bisschen runtergedrückt, ja. Aber viele Menschen verstehen nicht, dass wir genau die ehrlichsten Menschen sind, weil ... wir haben keine Lust mehr auf dieses Versteckspiel. Wir zeigen uns, wie wir sind. Wenn es jemanden nicht passt, braucht der, wir sind nicht abhängig von Pädagogen ... . Wir sind nicht abhängig von Menschen"* (Z. 912-924). Denis Daskalow resümiert zu seinem bisherigen Leben: *„Ich habe halt nicht das Leben gehabt, aber vielleicht war das genau das richtige Leben. Ich wünschte, es wäre anders gelaufen, aber ich glaube, ich bin stärker als andere Menschen. Also, ich glaube, diese Menschen, die sowas erlebt haben, ich glaube, jede Art von Menschen, ... die einfach Sachen erlebt haben, die nicht jeder erlebt ... , das sind starke Menschen"* (Z. 1023-1030).

5.1.5 Carla Cordts: „Ich will, dass mir endlich mal jemand zuhört, dass mir endlich jemand hilft. Aber keiner fühlt sich verantwortlich"

Carla Cordts bestreitet momentan ihren Lebensunterhalt durch Grundsicherung und Gelegenheitsjobs (Carla Cordts, Z. 10; nachfolgende Zeilennachweise beziehen sich auf das Interview mit Carla Cordts) und lebt allein in einer Wohnung. Sie wächst bei ihrer Mutter auf, ein Kontakt zum Vater besteht bis ins Erwachsenenalter nicht (Z. 342). Während sie bei ihrer Mutter lebt, schließt sie die 9. Klasse ab und besucht das Berufskolleg bis zu ihrem 18. Lebensjahr (Z. 579-608). Sie erzählt von mehreren Krisen in ihrem Leben. Zu den Ursachen zählen emotionale und körperliche Traumatisierungen: Sie erlebte in ihrer Kindheit körperliche Gewalt, u. a. durch ihre Mutter (Z. 114). *„Ich kann dir Geschichten aus meinem Leben erzählen, hör mal, ich habe mehr erlebt als manche Leute mit 40. Wenn ich dir das noch nebenbei erzähle, dass ich schon dreimal in meinem Leben vergewaltigt worden bin"* (Z. 1150-1153). Sie selbst sieht sich als Kämpferin: *„Aber wie man so schön sagt, starke Menschen haben einen schwereren Weg"* (Z. 953-953). *„Hör mal, ich müsste ... hier liegen ..., aber ich kann nicht, ich bin ein Kämpfer, ich mache immer weiter"* (Z. 1152-1155).

Jugendhilfeverlauf

Carla Cordts' Erzählung zufolge wechseln sich Wohnen bei ihrer Mutter und Aufenthalte in der stationären Kinder- und Jugendhilfe ab. Umgang mit Pädagog:innen hat sie schon immer gehabt (Z. 1002-1003). Ihre erste stationäre Jugendhilfemaßnahme war in einem Heilpädagogischen Zentrum (Z. 63), die sie vor allem aufgrund der Trennung zu ihrer Mutter positiv bewertet (Z. 986-987). Zudem wertschätzt sie die damalige Transparenz der Mitarbeiter:innen (Z. 988-995). Im Zuge dieser Maßnahme wird sie in die Kinder- und Jugendpsychiatrie überwiesen, *„weil die irgendwie wohl meinten, da müsste noch mal ein Psychologe rübergucken"* (Z. 63-64). Die Klinik hat sie nach kurzer Zeit wieder zurück zu ihrer Mutter entlassen (Z. 66-71). In der Folge ereignet sich eine *„Auseinandersetzung"* mit ihrer Mutter in Form von Körperverletzung, wobei ihre Mutter die Polizei ruft und Carla Cordts in eine Notschlafstelle gebracht wird (Z. 73-74). Mit 16 Jahren wird sie aufgrund mehrfacher Straffälligkeit (eigen wegen Diebstahls und Körperverletzung) zum Richter geladen und bekommt Bewährungsauflagen (Z. 85-90). *„Die eine Anzeige wegen Körperverletzung habe ich* *von meiner Mutter bekommen ... . Und die andere von meinem ehemaligen Direktor bzw. von der Schule, weil ich mich mit einem Mitschüler geprügelt hatte"* (Z. 183-183). Vom Richter vor die Wahl zwischen Strafvollzug und Einzug ins Betreute Wohnen gestellt, entscheidet sich Carla Cordts für einen Umzug ins Betreute Wohnen (Z. 94-104).

In dieser Maßnahme wohnt sie in einer eigenen Wohnung, hat jedoch dreimal pro Woche eine aufsuchende Hilfe (Z. 105-116). Carla Cordts beschreibt einen guten Kontakt zu ihrem zuständigen Familienhelfer: *„Der war damals zehn Jahre älter als ich, süßer Typ. ... Ja, der war echt super, also der war jung, sportlich, sah gut aus, ne? Witzig, so mit dem konnte ich reden"* (Z. 118-124). Aufgrund der Gerichtsauflagen muss sie sich *„strikt von Alkohol- und Drogenkreisen fernhalten"* (Z. 127). *„Dann habe ich eine Hausparty geschmissen irgendwann"* (Z. 139). Ihrer Meinung nach *„wäre auch alles gut gegangen, wäre ich so intelligent gewesen und hätte die ganzen Flaschen vorher entsorgt, bevor mein Betreuer gekommen ist"* (Z. 149-150). Wegen des Verstoßes gegen die Auflagen muss sie mit 16 Jahren für acht Monate in den Jugendstrafvollzug (Z. 166-169). Danach zieht sie mit ihrem damaligen Freund zu ihrer Mutter zurück, der jedoch nach einiger Zeit eine Beziehung mit ihrer Mutter anfängt. *„Dann habe ich gesagt: ‚Okay, Mama, ich habe dich lieb, ich will, dass du glücklich bist, aber ich will mit dem Kerl nicht mehr unter einem Dach wohnen'"* (Z. 234-256). Nachdem sich ihre Mutter gegen die Beendigung der Beziehung entscheidet, verlässt Carla Cordts die mütterliche Wohnung: *„Nach drei Tagen hat meine Mutter gesagt: ‚Ich will euch beide nicht verlieren'. Habe ich gesagt: ‚Okay, alles klar, ich packe meine Koffer, ich bin weg'"* (Z. 269-271). Sie bittet dann ihre Oma um Hilfe: *„‚Oma, bitte, Mama hat Scheiße gebaut, ich kann hier nicht mehr bleiben'"* (Z. 275). Im Haus ihrer Großeltern ist es ihr kurzfristig möglich, ein Appartement einzurichten.

Mit etwa 18 Jahren wird Carla Cordts schwanger, das Kind ist ein Wunschkind (Z. 384-392). Sie beschreibt ihre Erfahrungen im Umgang mit Kindern: *„Ich habe Freunde, Bekannte, die haben alle Kinder, ich passe regelmäßig auf die auf. Ich kümmere mich um die, ich spiele mit denen, ich gehe mit denen raus. Alle vertrauen mir ihre Kinder an"* (Z. 911-913). Auch hat sie nach eigener Aussage bereits ihre Mutter als Erzieherin unterstützt: *„Die hat mich mal eben mit 30 Kindergartenkindern alleine* *gelassen, 20 Minuten später kam die wieder, und die Kindergartenkinder haben sich fast geprügelt, im Stuhlkreis neben mir sitzen zu dürfen"* (Z. 907-909). Im siebten Monat ihrer Schwangerschaft kommt das Jugendamt zu ihr nach Hause und bietet ihr im Gespräch an, ihren Sohn nach der Geburt zur Adoption freizugeben (Z. 401-402). Sie lehnt dieses Angebot ab (Z. 403-407). Da sich das Jugendamt unsicher ist, ob sie sich um ihren Sohn kümmern kann, wird sie nach der Geburt mit ihrem Sohn in eine Mutter-Kind-Einrichtung gebracht: *„Die haben mich im Krankenhaus abgeholt, vom Krankenhaus eingesammelt mit meinem Kind. ... Und dann wurde ich ... ins Mutter-Kind-Heim"* (Z. 460-465). Nach etwa vier Wochen wird ihr Sohn vom Jugendamt in Obhut genommen. *„Die haben mir gesagt, dass die das jetzt beenden mit dem Mutter-Kind-Heim und meinen Sohn mitnehmen. Ich hatte zehn Minuten Zeit, um mich von meinem Sohn zu verabschieden"* (Z. 551-560). Die daraus entstehende Krise kompensiert Carla Cordts mit Alkohol: *„Ich habe schon so massiv Alkohol getrunken, dass ich wirklich, ne, aufgeschwemmt war und nicht mehr wirklich geschlafen habe und drei Wochen nonstop Party gemacht habe"* (Z. 639-649).

Nach etwa drei Wochen zieht sie zunächst wieder zu ihrer Mutter. Nach Rücksprache mit einem Anwalt und dem Jugendamt kommt sie in die zweite Mutter-Kind-Einrichtung, zunächst in der Hoffnung, dass ihr Sohn mit ihr dort leben könne (Z. 626). Dass sie jedoch allein im Mutter-Kind-Heim ist, belastet sie gesundheitlich sehr: *„Wie gesagt, ich war auf 40 Kilo ... , war kreidebleich, ich hatte Augenringe bis hier runter, wirklich. ... Weil ich einfach so körperlich am Ende war"* (Z. 728-733). Ihr Sohn lebt seit der Inobhutnahme in einer Pflegefamilie (Z. 849) und hat nur selten Kontakt zu ihr (Z. 839-856).

Zuletzt bricht sie das Wohnen in der Mutter-Kind-Einrichtung nach eigener Aussage aus gesundheitlichen Gründen ab und lebt erneut bei ihrer Mutter (Z. 728), ihr Sohn in einer Pflegefamilie (Z. 849). Ihren Lebensunterhalt bestreitet sie zunächst mit Leistungen des SGB II, wird jedoch nach einem Gutachten als erwerbsgemindert eingestuft und auf Leistungen nach SGB XII verwiesen. *„Dann haben die gesagt, aufgrund dessen, was meine Vorgeschichte ist wegen meinem Sohn, weil das Jugendamt mir den abgenommen hat, wäre ich psychisch dazu nicht in der Lage, ein geregeltes*

Leben zu führen. Und deswegen könnten die mich auch nicht vermitteln, und deswegen, ja, ... bin jetzt beim Sozialamt" (Z. 37-42).

Professionelle Unterstützung als Care Leaverin

Im Interview nennt Carla Cordts keinerlei Hilfen gemäß § 41 SGB VIII oder anderen möglichen Nachbetreuungen nach den jeweiligen (kurzen) stationären Aufenthalten in der Kinder- und Jugendhilfe. Auch Carla erlebt – ähnlich wie andere Interviewte – den lebenspraktischen Bereich nicht als ihre schwache Seite: *„Wenn ich die passenden Informationen kriege, wie ich was erreichen kann, dann ist das für mich kein Problem, diese Wege zu gehen. Aber das erst mal selber herauszufinden als junger Mensch ... , gerade wenn man, ne, keinen Menschen um einen rum hat, das ist das Schwierige"* (Z. 944-948). Im Interview spricht sie vor allem von älteren Bekannten, die ihr *„Ratschläge fürs Leben"* (Z. 953) geben. Während des Auszugs bei ihrer Mutter nimmt sie beispielsweise ihre Großeltern als unterstützend wahr. Ihre erste eigene Wohnung organisiert sie allein, erledigt Behördengänge selbständig und kommt ihrer Aussage nach mit den finanziellen Rahmenbedingungen zurecht (Z. 926-932, Z. 944 und Z. 1092). Eine kontinuierlich verfügbare professionelle Person gibt es ihrem Empfinden nach über den ganzen Zeitraum hinweg für sie nicht. Während des Interviews wird deutlich, dass sich Carla Cordts selbst nicht vom Hilfesystem gesehen fühlt und das Vorgehen der Fachkräfte als wenig transparent erlebt. Besonders deutlich beschreibt sie dies in der Schilderung des ersten Besuchs des Jugendamtes während der Schwangerschaft. Ihrer Aussage nach kann ihr Sohn aufgrund der Wohnsituation nicht bei ihr bleiben (Z. 407-413). Auch ihre bisherigen Erfahrungen in der Kinderbetreuung bei Freunden werden ihrer Ansicht nach vom Jugendamt nicht ernst genommen (Z. 909-914).

Die Beantragung einer Hilfe zur Erziehung wird ihr schließlich aus eigener Sicht als Pflicht vom Jugendamt auferlegt: *„Aufgrund meiner Heimgeschichte und allem würde ich NIEMALS freiwillig in ein Mutter-Kind-Heim gehen ... . ‚Sie müssen das unterschreiben, oder wir nehmen Ihnen das Sorgerecht weg, und Sie werden Ihr Kind nie wiedersehen, dafür werden wir sorgen.' ... Aufgrund dessen, dass ich im Gefängnis war, könnten sie nicht gewährleisten, dass ich meinen Sohn nicht schlage. Aufgrund dessen, dass ich im Heim war und in der einen Einrichtung und alles das, ne?*

Ich wäre wohl nicht dazu in der Lage, mich um mein Kind zu kümmern" (Z. 430-437 und Z. 899-901). Im Klinikum nach der Geburt fühlt sich Carla Cordts von allen verraten. Nach der Geburt durfte sie nur allein die Klinik verlassen: *„,Sie dürfen gehen, Ihr Kind bleibt hier. Wir haben ein Abkommen mit dem Jugendamt, wie gesagt, Sie dürfen jederzeit gehen, ansonsten bleiben Sie so lange hier, bis Ihr Kind auch weg ist'"* (Z. 450-456). Im Zuge der Inobhutnahme ist ihr nicht bekannt, wo ihr Sohn untergebracht wird: *„Das haben die mir nicht gesagt"* (Z. 625). Auch während des Wohnens im ersten Mutter-Kind-Heim fühlt sie sich von den Mitarbeiter:innen nicht verstanden: *„Dann wollten mir die einen einreden von wegen, mein Sohn hätte ja ... Dreimonatskoliken. Und würde die ganze Nacht über schreien im Mutter-Kind-Heim"* (Z. 543-545). Als sie sich bei einem Rechtsanwalt Hilfe erhofft, erlebt sie erneut eine fehlende Transparenz, denn erst nach einem vertrauensvollen Beginn stellt sie fest, dass er mit der zuständigen Sozialarbeiterin kooperiert (Z. 633-635).

In der zweiten Mutter-Kind-Einrichtung geht es ihr ohne ihren Sohn und unter strenger Kontrolle immer schlechter (Z. 683-689). Als sie wegen des Gewichtsverlustes zum Arzt gehen will, wird ihr dies nicht gestattet. Die Entscheidungshintergründe der Mutter-Kind-Einrichtung schildert sie dabei als intransparent (Z. 506). Aus ihrer Sicht geht das Jugendamt nach der Inobhutnahme ihres Sohnes ebenfalls zu wenig auf sie ein: *„Und jedes Mal, wenn ich irgendwie darüber reden will oder so, kriege ich immer nur die gleiche Antwort. ... ‚Sie wissen, was damals passiert ist. Sie wissen, warum das so passiert ist'. Und wenn ich denen sage: ‚Nein, weiß ich nicht, bitte erklären Sie es mir'. ‚Ja, haben wir jetzt keine Zeit für. Dass Sie nicht endlich loslassen können'"* (Z. 918-922). Carla Cordts spricht dabei vor allem die fehlende Verlaufsverantwortung des Jugendamtes in Bezug auf ihren Sohn an: *„Nein. Ich wusste nicht, wo mein Sohn ist, ich wusste nicht, wie es meinem Sohn geht, ich durfte gar nichts wissen. Ich habe jeden Tag von morgens bis abends habe ich nachgefragt, ich sage: ‚Wo ist mein Sohn?' ‚Sagen wir nicht, dürfen wir Ihnen nicht sagen, wissen wir nicht.' Ich sage: ‚Wie geht es meinem Sohn? Kriege ich ein Foto von meinem Sohn?' Ich sage: ‚Was ist mit meinem Kind?' Nichts."* (Z. 748-755). In Carla Cordts Erfahrungen mit dem professionellen Hilfespektrum gibt es niemanden, der oder die sie über eine längere Zeit unterstützt oder ihr anderweitige Unterstützung vermittelt hätte (Z. 871-877).

Beziehung(en), gesellschaftliche Teilhabe und soziale Unterstützung

Auch im Bereich der sozialen Unterstützung zeigt sich bei Carla Cordts vor allem, was sie sich gewünscht und nie erhalten hat. Bezüglich der Beziehung zu ihrer Herkunftsfamilie äußert sie sich positiv über ihre Großmutter: Diese reagiert unterstützend, als sie bei ihrer Mutter ausziehen will: *„,Klar, Kind, ich verstehe dich, ich bin für dich da, ich hole dich da raus.' ... Hat mich dann direkt mit dem Auto abgeholt"* (Z. 278-279). Ihre Oma ist heute jedoch 71 Jahre alt und kann sie nicht aufnehmen. Zu ihrem Großvater hat sie ein *„schwieriges Verhältnis"* (Z. 327). Mit ihrem Vater hat sie über weite Strecken gar keinen Kontakt und nimmt den bestehenden eher als bedrängend wahr. *„Eher so wie eine Flirtbekanntschaft ... . Hat so Sachen gebracht wie, mich im Erwachsenenalter noch auf den Mund zu küssen oder will mit mir unbedingt in die Sauna gehen ... . Er war mein halbes Leben lang nicht da, ... und der will mich jetzt die ganze Zeit nackt sehen. ... Steht auch auf so junge Hühner und ... guckt sich die immer gerne an"* (Z. 341-354). Am meisten Kontakt hat Carla Cordts mit ihrer Mutter, das Verhältnis ist jedoch sehr brüchig: *„Weil meine Mutter mir von klein auf immer versucht hat, ihren Willen aufzudrängen. Mir nicht erklärt hat, wieso, weshalb, warum"* (Z. 987-988). Zudem hat sie das Gefühl, nicht als eigenständige Person wahrgenommen zu werden: *„Sie stellt sich mir permanent in den Weg, von meinen Wünschen und meinen Träumen. Seit Kindheit an"* (Z. 1218-1130). Auch schildert sie körperliche Gewalt ihrer Mutter gegen sie (Z. 999-1001), aber auch gegenseitige. *„Da habe ich ... ihr eine Ohrfeige gegeben. ... Weil meine Mutter mich jahrelang geschlagen hat"* (Z. 1143-1146). Sie beschreibt zudem, dass sie sich der Situation zu Hause ausgeliefert fühlt und Kinderschutz vermisst hat. Abschließend fällt sie ein vernichtendes Urteil: *„Das war eine echt schwere Zeit für mich. Weil auch da irgendwie mir nicht richtig geholfen wurde ... , sie war noch nie Mutter für mich, wird sie auch nie sein"* (Z. 313-316 und Z. 1006-1007).

Dennoch sucht Carla Cordts gezwungenermaßen immer wieder den Kontakt zur Mutter – auch aus Ermangelung anderer Möglichkeiten, z. B. als sie schwanger wird (Z. 280-281): *„Weil ich mir gedacht habe so: ,Du bist schwanger, das wäre unfair deinem Kind gegenüber, dass es ihre Oma nicht hat. So. Und deine Mutter war ja auch schwanger so, ne, die kann dir vielleicht ein bisschen in der Schwangerschaft helfen'"*

(Z. 303-306). Sie vermutet jedoch inzwischen, dass ihre Mutter das Jugendamt in ihrer Schwangerschaft zu ihr geschickt hat (Z. 308-309). Ähnlich ambivalent wie das Verhältnis zu ihrer Mutter gestalten sich andere soziale Kontakte für Carla Cordts. Über die Beziehung zum Kindesvater sagt sie zunächst, dass sie mit ihm einen Neuanfang probieren möchte, da er eine ähnliche Lebensgeschichte wie sie hat (Z. 370-383). Diese Beziehung zerbricht ihrer Meinung nach jedoch an der Inobhutnahme ihres Sohnes. *„Wir können heute nicht mal mehr darüber reden so, ... ihm tut das zu sehr weh, mir tut das zu sehr weh, wir schieben uns gegenseitig die Vorwürfe zu so. Es ist quasi so, ne, auch die ganze Beziehung daran kaputtgegangen"* (Z. 808-811). Sie spricht zudem davon, dass er sie innerhalb des Familiengerichtsverfahrens bezüglich des Sorgerechts verrät. *„Er wollte mir einen reindrücken, hat dann bei der Verhandlung gesagt, ich wäre nicht dazu in der Lage, mich um mein Kind zu kümmern ... . Er wollte einfach nur, ne, dass es mir noch schlechter geht, als es mir ohnehin schon geht"* (Z. 817-820).

Von Freund:innen erlebt sie Unterstützung: *„Ich habe ältere Bekannte, Freunde, die mich unterstützen. Wenn irgendwas sein sollte ... . Und da ich halt ältere Freunde habe so, meine älteste Bekannte ist 62, ... die mir hin und wieder mal Ratschläge fürs Leben geben"* (Z. 430-433 und Z. 952-953). Auf der anderen Seite erzählt sie jedoch, dass sie wirklich stabile Beziehungen zu anderen Menschen nicht kennt und auch ihre Freund:innen als instabil erlebt (Z. 614-615). Allein zu ihrem Kind äußert sie eine enge emotionale Bezogenheit (Z. 1020-1025). Insbesondere nach der Inobhutnahme verdeutlicht sie die damit einhergehende emotionale Belastung für sie: *„Danach habe ich den Sinn in meinem Leben verloren so. Also, ich war total am Ende, mir ging es ja schon nicht gut, wo man mir mein Kind abgenommen hat, so. Aber danach war Game over. Danach bin ich richtig durchgedreht. Habe mir einen Partner gesucht, wo ich von vornherein wusste, der tut mir nicht gut. Aber das war mir in dem Moment egal, mein Sohn war weg, ich wusste nichts, ich wusste nicht, wo mein Sohn ist"* (Z. 740-745). Carla Cordts versucht wiederholt, ihren Sohn zu sich zurückzuholen, jedoch ohne Erfolg: *„Und ich bin mittlerweile an einem Punkt in meinem Leben, ich habe jahrelang gekämpft. Ich kämpfe seit fünf Jahren wegen meinem Sohn. Ich habe keine Kraft mehr"* (Z. 1056-1058). Das Gefühl, alles wende sich gegen sie, zieht sich bis in andere Teilhabebereiche durch. In Bezug auf ihre Arbeitssituation fragt sie das Jobcenter um Unterstützung, eine geeignete Ausbildung für sie zu finden (Z. 26-29). *„Ich wollte, dass sie, ne, mir helfen: ‚Okay, da und da sind deine Stärken, dann kannst du in den und den und den Berufen arbeiten und musst dafür das und das und das tun'"* (Z. 33-35). Sie nimmt an verschiedenen standardisierten Tests teil, jedoch ohne es zu wollen. Statt in eine Ausbildung vermittelt zu werden, wird sie ihrer Meinung nach vom Teilhabebereich Arbeit ausgeschlossen.

Gesamtbewertung und offene Wünsche

Carla Cordts hat nur wenige gute Erinnerungen an die Kindheit. Eine davon beinhaltet die Pädagog:innen während des Wohnens im Heilpädagogischen Zentrum: *„'Es ist wichtig, dass du dann und dann ins Bett gehst. Wenn du uns zeigst quasi, dass du ... länger aufbleibst, das probieren wir am Wochenende zum Beispiel mal. Wenn du sagst: ‚Okay, du kannst bis zehn Uhr aufbleiben und dann trotzdem morgens um acht fit bist', dann probieren wir das am Wochenende aus. Du zeigst uns das, und dann können wir das in der Woche machen.' So zum Beispiel. Das hat meine Mutter nie getan"* (Z. 990-995). Zusammenfassend äußert sie jedoch ein Gefühl des Ausgeliefertseins nicht nur im eigenen Elternhaus, sondern auch gegenüber den Fachkräften von stationären wie ambulanten Hilfen (Z. 1039-1044). Neben dem Wunsch, eine Person zu haben, die sie als Lots:in unterstützt – *„Ich brauche Hilfe, mein Leben in den Griff zu kriegen. ... Jemand, der mich an die Hand nimmt und mich unterstützt und mir sagt, was ich für Möglichkeiten habe"* (Z. 884-886 und Z. 1078-1082) – wünscht sie sich vor allem eine verantwortliche Bindungsperson, die sie durch das Leben begleitet (Z. 958-960). Dies formuliert sie zum in dem Wunsch nach einer gewaltfreien Kindheit bei ihrer Mutter: *„Ich habe immer gesagt: ‚Ich will das nicht'. Ich habe immer gesagt: ‚Ich möchte da nicht hin', ich habe immer gesagt: ‚Ich möchte doch einfach nur ein normales Familienleben haben. Ich möchte morgens zusammen mit meiner Mutter aufstehen, zusammen mit der frühstücken, ich möchte in Ruhe mit meiner Mutter ... mich fertig machen, zur Schule, zum Kindergarten. Ich möchte nicht angeschrien werden, ich möchte nicht geschlagen werden', ich habe gesagt: ‚Ich möchte dort einfach ein familiäres, geschütztes Umfeld haben'"* (Z. 1048-1054). Andererseits spricht sie ihren persönlichen Wunsch nach einer stabilen Zukunft in

Bezug auf die Beziehung zum Kindesvater aus: *„Er war gerade wegen einer Geldstrafe noch im Knast, er hätte acht Monate sitzen müssen und wäre danach raus gewesen. Und danach wollten wir dann, ne, umziehen, ... danach startest du richtig durch mit deinem Partner“* (Z. 376-383). Die Beziehung misslingt jedoch. Carla Cordts beschreibt rückblickend auch den Wunsch, dass sie stabiler und früher in eine stationäre Jugendhilfe gekommen wäre (Z. 1029-1038).

5.2 Überblick über die Ergebnisse aller geführten Interviews

Der nachfolgende Überblick basiert auf den Ergebnissen der oben dargestellten Interviewpartner:innen und weiteren Interviews, die im Rahmen der Studie vorgestellt wurden. Die elf interviewten Care Leaver:innen weisen ein breites Spektrum in Bezug auf ihre Herkunft und aktuelle Lebenssituation auf. Kerstin Kaumer z. B. wohnt nach einem kurzen und erfolgreichen Aufenthalt in der Jugendhilfe bei ihrer Mutter und arbeitet als Kinderpflegerin. Die Ausbildung hat sie vor der Jugendhilfe begonnen und vor Kurzem abgeschlossen. Jalea Jakobs beschreibt ihre Situation ebenfalls als stabil. Sie freut sich gemeinsam mit ihrem Mann darauf, Mutter zu werden, hat bis zum Mutterschutz selbst im sozialen Bereich gearbeitet und blickt mit Stolz auf ihren Studienabschluss zurück. Auch Alex Albrecht beschreibt seine aktuelle Lebenssituation trotz einiger Krisen in der Adoleszenz als *„erfolgreich“* (Alex Albrecht, Z. 6). Er ist in eine Partnerschaft und eine regelmäßige Tätigkeit im sozialen Bereich eingebunden und steht in regelmäßigem Austausch mit seiner Pflegefamilie, die er als ‚seine Familie' bezeichnet. Elena Elvas hat einen Bachelor Soziale Arbeit an einer dualen Hochschule abgeschlossen und wohnt in einer WG. Außerdem hat sie einen Nebenjob. Ein tragendes Netz aus sozialen Kontakten hält sie auch in Krisenzeiten stabil. Hanna Huber ist Mutter und wohnt mit ihren beiden Kindern in ihrer Wohnung zusammen. Sie ist berufstätig und arbeitet in Teilzeit als Verkäuferin.

Etwas belasteter erlebt sich Gero Gustavson. Er sucht aktuell nach Arbeit, wobei er eine Ausbildung seiner Aussagen nach nicht schaffen würde, auch wegen seiner Zwangsstörung und dem Tourette-Syndrom. Er lebt bei seiner Mutter, ist verlobt und will mit seiner Verlobten zusammenziehen, wenn er eine eigene Arbeit gefunden hat. Sein Einkommen bezieht er über die Grundsicherung der Mutter. Fred Falstedt ist seit 2014 in Deutschland. Seit seinem Hauptschulabschluss ist er in einem Vollzeitjob angestellt und wohnt in seiner eigenen Wohnung. Er legt viel Wert auf Eigenständigkeit. Ben Bastug – als einziger seiner Familie aus Afghanistan in Deutschland – befindet sich in einem zufriedenstellenden Ausbildungsverhältnis, seine Wohnsituation und soziale Situation allerdings erlebt er aufgrund der Rückführung in eine Gemeinschaftsunterkunft ohne jede private Rückzugsmöglichkeit als belastend. Dazu tritt die Sorge um seine Ursprungsfamilie in Afghanistan. In Ben Bastugs, Gero Gustavsons und Fred Falstedts Leben wirken momentan daher stabilisierende wie destabilisierende Faktoren.

Denis Daskalow hingegen fühlt sich noch stark von seiner von Gewalt und Vernachlässigung geprägten Kindheit und dem frühen Verlust seines Vaters belastet. Er berichtet von existentiellen Problemen und deren Bewältigung als Kind: *„Ich glaube, das ist irgendwie vor allem Überleben sozusagen"* (Denis Daskalow, Z. 1030). Aktuell wohnt er in einer Wohngruppe, bezieht ALG II, wartet auf ein stationäres Interventionsprogramm und hofft danach auf eine Ausbildung. Seine Verlobte wohnt etwas weiter weg, ihre Familie ist ihm eine Stütze. Ian Ihly wiederum lebt nach vielen Jahren Wohnungslosigkeit und Armut in einer eigenen, vom Sozialamt finanzierten Wohnung und arbeitet unentgeltlich in der Küche der Einrichtung für wohnungslose Menschen, in der er selbst für mehrere Jahre gelebt hat. Er ist inzwischen 40 Jahre alt. Die meisten Lebensjahre verbrachte er auf der Straße und zeitweise im Gefängnis. Seine Familiensituation beschreibt er als *„Katastrophe"* (Ian Ihly, Z. 81). Auch Carla Cordts lebt alleine, bezieht Grundsicherung und hat immer wieder Gelegenheitsjobs. Ihre Kindheit – in einem von Brüchen geprägten Wechsel zwischen Aufenthalten bei ihrer Mutter und in Jugendhilfeeinrichtungen – ist gekennzeichnet von massiven psychischen wie physischen Gewalterfahrungen. Immer wiederkehrende Krisensituationen bis hin zu Reviktimisierungssituationen im Erwachsenenalter treten hinzu. Die Probleme gipfeln in der Herausnahme ihres Sohnes, die sie bis heute als nicht verkraftbar erlebt. Trotz all dieser Erfahrungen bezeichnet sie sich als *„Kämpfer"* (Carla Cordts, Z. 1155).

Die unterschiedlichen Lebenssituationen werfen die Frage auf, wie sich die Jugendhilfeverläufe und Bewältigungswege für die jeweiligen Interviewten gestaltet haben.

5.2.1 Jugendhilfeverlauf

„Sie haben mich gefragt, ob immer alles passt"

Die unterschiedliche psychosoziale Stabilität und Lebenszufriedenheit der Interviewten zeigt bereits charakteristische Muster bzgl. der Vorerfahrungen mit dem Jugendhilfesystem. Kerstin Kaumer z. B. zog mit 15 Jahren auf eigenen Wunsch in eine Jugendhilfeeinrichtung: *„Ich habe da nur eineinhalb Jahre drin gelebt"* (Kerstin Kaumer, Z. 34). Der Einzug erfolgt aufgrund Schwierigkeiten im Elternhaus und ist ursprünglich als längere Maßnahme gedacht: *„Eigentlich war schon der Plan, ich bleibe da, bis ich die Ausbildung beendet habe, und ziehe dann selber in eine Wohnung. Aber ich wollte halt dann doch nach Hause, weil es halt dann auch wieder gepasst hat, zu Hause"* (Kerstin Kaumer, Z. 248-252). Für die Unterstützung der Fachkräfte, um den Schulabschluss zu machen, ist Kerstin Kaumer sehr dankbar. Bereits in der Jugendhilfezeit wird die nachfolgende Ausbildung zur Kinderpflegerin organisiert: *„Also das hat alles gepasst"* (Kerstin Kaumer, Z. 121-123). Mit ihrer Bezugsbetreuerin erarbeitet sie gemeinsam und partizipativ ihre beruflichen Möglichkeiten und wird von ihr im darauffolgenden Bewerbungsprozess unterstützt. Schließlich absolviert sie während der Jugendhilfezeit einen Teil ihrer Ausbildung. Auch die finanzielle Situation wird von der Bezugsbetreuerin mitgedacht. Kerstin Kaumer berichtet, während ihrer Ausbildung zur Kinderpflegerin BAFÖG erhalten zu haben. Im Rahmen der Jugendhilfemaßnahme wird zudem der Umgang mit Geld erarbeitet: *„Ja, dass man halt nicht gleich das ganze Geld auf einmal raushauen sollte"* (Kerstin Kaumer, Z. 373-377). Kerstin Kaumer erlebt sich auch bei der Rückkehr in ihr Elternhaus ausreichend vorbereitet und begleitet: *„Ja, weil ich durfte dann nicht mehr jedes zweite Wochenende nach Hause fahren, ... sondern dann durfte ich jedes Wochenende nach Hause fahren und auch die ganzen Ferien über"* (Kerstin Kaumer, Z. 128-130). Sie erzählt, mit den Betreuer:innen der Einrichtung hinsichtlich der Beendigung der Maßnahme gut im Gespräch gewesen zu sein: *„Sie haben mich dann am Ende gefragt, ob immer noch alles passt, oder ob ich mich vielleicht umentscheiden will. Also da haben sie sich schon gut bemüht"* (Kerstin Kaumer, Z. 143-145).

Jalea Jakobs tritt in ähnlicher Weise mit 17 Jahren in die Jugendhilfe ein. Mit der Unterstützung ihres Jugendamtsmitarbeiters wird – nach einigem Hin und Her – eine passfähige Hilfe installiert. Sie berichtet von einem äußerst partizipativen Umgang auf dem Jugendamt: *„Wenn das nicht klappt mit dem alleine Wohnen, dann soll ich kommen und dann schauen wir nach einer anderen Lösung“* (Jalea Jakobs, Z. 81-82). Trotz einiger Hürden gelingt so letztlich ein stimmiger und für Jalea Jakobs konstruktiver Hilfeverlauf. Einige Maßnahmen, wie beispielsweise die intensive Netzwerkarbeit, werden ihr in deren positiven Wirkung erst im Nachhinein bewusst: *„Worauf die Betreuer jetzt in der Wohngruppe noch besonders Wert bei mir gelegt hatten, war, dass ich mich mit Freunden treffe und ja quasi soziale Kontakte pflege. Da sage ich im Nachhinein, das ist gut, dass sie das gemacht haben, das hätten sie noch penetranter machen können. Also ich habe das zu der Zeit als sehr nervig empfunden. Aber so im Rückblick sage ich: ‚Das ist das, was trägt‘“* (Jalea Jakobs, Z. 287-294). Auf dieser Basis zieht sie mit 19 Jahren in einem nächsten Schritt in eine eigene Wohnung mit Nachbetreuung. Auf die ehemalige Einrichtung kann sie in der Adoleszenz mehrfach zurückgreifen und fühlt sich in dieser Ablösungsphase ebenso wie Kerstin Kaumer gut unterstützt.

Alex Albrecht kommt bereits mit fünf Jahren in eine Pflegefamilie, die er als seine *„richtige“* (Alex Albrecht, Z. 11) Familie bezeichnet. Er fühlt sich von seinen Pflegeeltern sowohl im Schulverlauf als auch in seiner für ihn bedeutsamen Sportlaufbahn gut begleitet. Alex Albrecht berichtet begeistert von gemeinsamen Urlauben sowie vom kulturellen und sozialen Leben in der großen Familie. Als er 14 Jahre alt ist, trennen sich seine Eltern. Die damit einhergehenden Veränderungen beschreibt er als großen Einschnitt. Er verfällt, beeinflusst von vermehrten Kontakten zu einem problematischen Umfeld, in eine Spielsucht, bestiehlt aus der zugehörigen Beschaffungskriminalität heraus auch seine Pflegemutter und muss das Zuhause verlassen, was er im Rückblick sehr bedauert: *„Im Nachhinein und ich wollte das irgendwie alles nicht, war halt mit den falschen Freunden befreundet. ... und bin dann so meinen Weg gegangen“* (Alex Albrecht, Z. 40-44). Nach mehreren Wohnarrangements bei seiner damaligen Freundin und seinem Pflegevater wird er mit 19 Jahren zu einer einjährigen Gefängnisstrafe verurteilt. Diesen Bruch kann er konstruktiv nutzen:

„Nach der JVA habe ich mir nichts mehr zuschulden kommen lassen, Null!" (Alex Albrecht, Z. 378). In einem Betreuten Wohnen für ehemals straffällige Menschen absolviert er erst den Realschulabschluss, danach eine Ausbildung zum Sozialassistenten. In den schwierigen Zeiten, so Alex Albrecht, kann er trotz aller Wirren stets auf seine (Pflege-)Familie zurückgreifen.

‚Ich bleibe so lange hier sitzen, bis Sie mir helfen'

Elena Elvas erhält Unterstützung durch eine ambulante Betreuung, als das Familiennetz nicht mehr trägt. Kurz darauf wechselt sie in eine stationäre Verselbständigungsgruppe. Dieser Wechsel gelingt ihr jedoch nur mit großer Überzeugungskraft und Nachdruck gegenüber dem Jugendamt: *„Da war ich 16, das war kurz nach meinem 16. Geburtstag. ... Ich war ja dann bei der Cousine von meiner Mutter. Und die hatte mir dann, aus welchen Gründen auch immer, eine Affäre mit ihrem Mann angedichtet. Für mich war das damals so die erste männliche Bezugsperson, weil, ich bin ohne Vater aufgewachsen. Und mit meinem Stiefvater lief es auch überhaupt nicht gut. Und das war so die erste männliche erwachsene Bezugsperson, zu der ich auch eine Bindung aufgebaut hatte. Und das hat der Cousine von meiner Mutter, glaube ich, sehr widerstrebt. ... Ich bin dann erst zum ... Jugendamt ... die wollten mich erst wieder in meine Familie zurückintegrieren und dann mal schauen. Und ich habe dann aber gesagt: ‚Ich bleibe so lange hier sitzen, bis Sie mir (lacht) helfen.' Genau, und dann ging das eigentlich relativ schnell"* (Elena Elvas, Z. 173-192). Die Zeit in der Jugendhilfe erlebt sie als sehr hilfreich. Umso dramatischer gestaltetet sich der Auszug: Das für sie abrupt empfundene Ende ihrer Jugendhilfe ohne Abschlussgespräch löst das Gefühl aus, von der ganzen Welt verlassen worden zu sein: *„Ich hatte diesen Antrag auf Hilfe für junge Volljährige gestellt, weil ich ja mitten in der Abiturphase war. Der ist dann eigentlich auch bewilligt worden. Und dann hieß es halt vom Jugendamt, weil ich doch auch sehr selbständig war, dass ich eben selbständig bin und eigentlich keine Jugendhilfemaßnahme mehr brauche und man das beendet, nachdem ich 18 werde. ... Ich hatte kein Abschlussgespräch im Jugendamt. Also ich habe irgendwann den Brief gekriegt: ‚Die Hilfe wird zu dem und dem Datum beendet' ... das war einfach (räuspert sich) so das Gefühl, so von der ganzen Welt irgendwo verlassen worden zu sein, nach allem, was man eh schon geschafft hat.*

Und das war schon echt heftig, ja" (Elena Elvas, Z. 208-227 und Z. 352-355).

In einer wieder anderen Konstellation befindet sich Hanna Huber. Sie lebt zweieinhalb Jahre lang bis zu ihrem 16. Lebensjahr in einer stationären Jugendhilfeeinrichtung. Sie lernt dort vor allem hauswirtschaftliche Tätigkeiten (Hanna Huber, Z. 233-234) und erreicht währenddessen auch ihren Schulabschluss (Hanna Huber, Z. 59). Nach einiger Zeit ist die Hilfe für sie jedoch nicht mehr passfähig: *„Ich habe gesagt: ‚Ich will nicht mehr, ich will nach Hause'. Habe auch mit meinen Eltern damals geredet. Die meinten damals: ‚Du bleibst noch'. ... ‚Und dann hat das eigentlich angefangen, dass ich irgendwann einfach mal nicht mehr nach Hause gekommen bin ins Betreute Wohnen"* (Hanna Huber, Z. 317-322). Danach geht sie mehrmals auf Trebe: *„Und dann stand eigentlich für meine Mutter und für meinen Vater fest: ‚Nein, wir holen dich lieber raus, bevor wirklich irgendwann noch mal was passiert'. Ne. Und dann bin ich ausgezogen von heute auf morgen ... das war eigentlich dann damals die beste Entscheidung meiner Eltern, dass sie mich wieder rausgeholt haben"* (Hanna Huber, Z. 333-343). Der Auszug aus der Jugendhilfeeinrichtung ging ihrer Meinung nach relativ rasch – der Abschied fühlte sich für sie allerdings unangenehm an. Seitdem hat sie keinen Kontakt mehr zur Jugendhilfe (Hanna Huber, Z. 39-66), aber kontinuierlich zu ihrer Familie. Nach dem Auszug lebt sie für ca. zwei bis drei Jahre bei ihrer Mutter, beginnt ihre Ausbildung als Metzgerei-Fachverkäuferin, welche sie abbricht, und schlägt sich mit Gelegenheitsjobs durch. In der Schwangerschaft und Elternzeit lebt sie von ALG II. Seit einigen Jahren ist sie als Verkäuferin tätig. Seit 11 Jahren wohnt sie mit ihren zwei und acht Jahre alten Kindern in einer eigenen Wohnung (Hanna Huber, Z. 32; 389).

Auch Gero Gustavson kann nach der Jugendhilfe wieder auf seine Eltern zurückgreifen. Er zieht im Alter von zehn Jahren in eine stationäre Jugendhilfeeinrichtung, beendet dort die Schule mit der achten Klasse ohne Abschluss und wechselt mit 16 Jahren in eine weitere stationäre Jugendhilfeeinrichtung, um näher bei seiner Familie zu wohnen: *„Das ist besser, wenn man Kontakt hat noch zu den Eltern, wenn man näher ist, einfach besser"* (Gero Gustavson, Z. 1039-1040). Rückblickend glaubt er allerdings, dass es für ihn besser gewesen wäre, in der ersten Einrichtung zu bleiben, da er in der zweiten schlechter angebunden war: *„Das war meine Bezugserzieherin,* *die ich nicht so leiden konnte eigentlich"* (Gero Gustavson, Z. 1134). In dieser Zeit absolviert er ein BVJ und schließt eine Ausbildung an, bricht diese jedoch aus gesundheitlichen Gründen ab. Er gerät in einen zweifelhaften Freundeskreis, wird in eine Schlägerei verwickelt und kommt in Kontakt mit der Polizei. In seinem 18. Lebensjahr endet die stationäre Jugendhilfe, weil er mehrmals auf Trebe geht: *„Da bin ich gerade 18 geworden, wo ich da abgehauen bin ... habe auch kurzzeitig mal den Kontakt zu meinen Eltern abgebrochen"* (Gero Gustavson, Z. 408-430). Nach einem Jahr auf der Straße zieht er wieder zu seinen Eltern. Als diese sich trennen, wohnt er bei seiner Mutter, jedoch auch unweit vom Vater. Eine anschließende Maßnahme vom Jobcenter für anderthalb Jahre macht ihm Freude, er wird jedoch nicht übernommen. Aktuell fühlt er sich einigermaßen ‚stabil' und hofft, bald wieder eine Arbeitsstelle zu finden.

Fred Falstedt kommt nach seiner Migration 2014 für ein Jahr in eine stationäre Einrichtung, in der er sich wohlfühlt und nach eigener Aussage vieles für sich lernen kann. Ein Jahr nach seiner Volljährigkeit möchte er aus der Einrichtung ausziehen, um arbeiten zu können, anstatt in die Schule zu gehen: *„Ich wollte selbständig, ich wollte jetzt arbeiten und Geld verdienen, als lernen"*. Er berichtet, dass die Fachkräfte versuchen, ihn zum Bleiben zu überreden, bis er seinen Realschulabschluss fertig hat, er entscheidet sich aber dagegen: *„Nein, sie haben versucht, dass ich nicht rausgehen soll, dass ich weiter mache die Schule und so. ... Ich habe Nein gesagt ... dann sie haben es einfach gelassen"* (Fred Falstedt, Z. 286-288). Aufgrund der Information des Jugendamtes, dass er bei einem Weiterverbleib 50 % seines Gehaltes abgegeben müsse, verlässt er die stationäre Einrichtung: *„Nein, sie haben mir eine Chance gegeben, dass ich kann nicht arbeiten, wohnen, wo ich gewohnt hatte, dass sie mich noch unterstützen. Aber dafür ich muss die 50 Prozent von meinem Gehalt"* (Fred Falstedt, Z. 308-311). Fred Falstedt wird beim Übergang in die Selbständigkeit noch von seiner Betreuerin unterstützt, danach benötigt er jedoch keine Hilfe mehr: *„Nein, meine Betreuerin hat mich geholfen bei der Bewerbung schreiben. Und zum Glück habe ich sofort eine Arbeit gefunden. ... Ich habe mir selbst gesucht und lebe seitdem alleine"* (Fred Falstedt, Z. 209-212). Er zieht erst zu einer Verwandten, später in eine eigene Wohnung und hat das Gefühl, trotz einiger Wirren recht gut allein klarzukommen.

Ben Bastug, ebenfalls Geflüchteter, berichtet von einer überfordernden ersten Zeit in Deutschland. Nach mehreren Einrichtungswechseln, kaum Möglichkeiten, eine Schule zu besuchen, vielen sozialen Brüchen und Einrichtungswechseln landet er in einer stabilen Wohngruppe. Die Unterstützung dort kann er gut für sich nutzen: *„Ich habe viel, viel Hilfe bekommen. Ich habe meinen Hauptschulabschluss gemacht. Ich habe da angefangen. Viel, viel habe ich von Betreuern gelernt"* (Ben Bastug, Z. 132-133). Besonders wichtig sind für Ben Bastug nicht so sehr emotionale Unterstützungsmomente, da er sich in seiner Ursprungsfamilie noch sehr eingebunden fühlt, sondern vor allem konkrete lebenspraktische Hilfen wie Haushaltsführung oder administrative Aufgaben. Bald kann Ben Bastug in eine Trägerwohnung ziehen. *„Das haben auch Betreuer für uns gefunden. Und da war auch Leben gut. Ich habe meinen Hauptschulabschluss da geschafft, ich hatte meine alle Ruhe, ich habe 2,1 Durchschnitt Hauptschulabschluss"* (Ben Bastug, Z. 138-140). Die Betreuung dort erlebt er als außerordentlich gut: *„Und die haben mir immer geholfen. Und mehr Motivation gegeben. Und ich bin sehr dankbar von denen, die haben uns unglaublich viel geholfen"* (Ben Bastug, Z. 400-401). Auch die soziale Einbettung mit Peers erlebt er als gelungen: *„Alle drei haben wir Hauptschulabschluss gemacht. Und das Leben war sehr schön"* (Ben Bastug, Z. 151-152). Obwohl manchmal negative Nachrichten zu seinem Asylverfahren in seinen Alltag brechen, können die Fachkräfte für Ben Bastug über einige Hürden hinweg einen Ausbildungsplatz organisieren. *„Und die sind jetzt sehr zufrieden mit mir"* (Ben Bastug, Z. 370). In diesen Zustand hinein wirkt das Ende der Jugendhilfe mit 21 Jahren für Ben Bastug wie ein Schock. Er verliert die gute Betreuung und Einbettung und muss in eine vom Sozialamt finanzierte Gemeinschaftsunterkunft umziehen: *„So schafft man das Ausbildung nicht"* (Ben Bastug, Z. 564-569), sagt er am Ende des Interviews frustriert, auch wenn er sich positiv gegenüber der Beratung äußerst, die er in Form einer „Sprechstunde" der ehemaligen Einrichtung bei Bedarf und zeitlicher Ressource in Anspruch nehmen kann. Ben Bastug sieht das Leben in Deutschland daher immer wieder bedroht, obwohl er vollen Einsatz dafür bringt und sich nach Kräften bemüht.

„Ich habe viele schlechte Erfahrungen gemacht in der Jugendhilfe"

Noch weniger aufgehoben fühlt sich Denis Daskalow, der seit seinem achten Lebensjahr für zehn Jahre Jungendhilfemaßnahmen erhält (Denis Daskalow, Z. 27-28). Dabei erlebt er zahlreiche Abbrüche. *„Ich habe viele schlechte Erfahrungen gemacht in der Jugendhilfe"* (Denis Daskalow, Z. 134), berichtet er. Im Gegensatz zu anderen Kindern kann er keine Wochenenden bei seiner Ursprungsfamilie verbringen, da er nicht über ein tragfähiges Elternhaus verfügt. Immer wieder flieht er aus den Einrichtungen, fährt stundenlang Zug, versucht, sich abzulenken. Er verliert jedes Vertrauen und kann seine angestauten Aggressionen nicht mehr zurückhalten. Weitere Einrichtungswechsel folgen. In einer der Einrichtungen fühlt er sich wohler und kann seinen Hauptschulabschluss machen. Daraufhin gerät er allerdings in Drogen- und Beschaffungskriminalität. *„Ich habe ja mehrfach Körperverletzung, versuchte gefährliche Körperverletzung, mehrfacher Verstoß gegen das Betäubungsmittelgesetz, Vandalismus. Sachbeschädigung"* (Denis Daskalow, Z. 1345-1346). Immer wieder kann er auftauchende Chancen nicht nutzen, so z. B. das Leben in einer hoffnungsvollen Pflegefamilie, die ihn letztlich doch nicht aufnehmen kann. Mit der Volljährigkeit werden die laufenden Maßnahmen der Jugendhilfe völlig eingestellt – Denis Daskalow erscheint es, als ob keine Einrichtung bereit ist, ihn weiter zu halten. Immer wieder kommt es zu tätlichen Auseinandersetzungen. Schließlich landet er in der Obdachlosigkeit, bevor er Aufnahme in einer staatlichen Einrichtung findet. Denis Daskalow fühlt sich hier einigermaßen unterstützt. Hilfreicher jedoch empfindet er die Beziehung zu seiner Verlobten und deren Familie.

Auch Ian Ihly erinnert sein Leben über lange Strecken als eine Aneinanderreihung von Krisen: *„Mein Leben sehr schwer. Ich habe einen Vater, der war Militär ... der hat viel, viel Alkohol getrunken. Und ja mit ihm, mit mein Vater ich habe nie Probleme gehabt. Deswegen hat mich da meine Stiefmutter, meine Stiefmutter hat mich vor ein paar Jahre geschlagen und das ist der Grund warum ich bin in ein Heim gegangen"* (Ian Ihly, Z. 85-89). Die Zeit in der ersten Einrichtung in Deutschland ist für ihn mit positiven Gefühlen verbunden: *„Ein bisschen schwer mit der Sprache. Aber trotzdem, ich habe gemerkt, die Leute trotzdem viel, viel Geduld gehabt mit mir"* (Ian Ihly, Z. 363-365). Er berichtet außerdem: *„Und ich war traurig, ich habe kein Deutsch* *gekannt, nichts. Also ich musste immer mit Finger reden mit deutsche Leute"* (Ian Ihly, Z. 134-136). Danach wird er entgegen seinem Wunsch in ein Militärheim nach Bulgarien geschickt. Ihm fällt es schwer, dort anzukommen. Als Ian Ihly 18 Jahre alt ist, endet die Jugendhilfe dort zudem ohne Möglichkeiten der Verlängerung oder einer erneuten Aufnahme in Deutschland. Stattdessen schlägt man ihm vor, wieder zu seinen Eltern zu ziehen, doch das kann er nicht nachvollziehen: *„Ich war bis 18 und danach, die Leute hat gesagt, du musst wieder bei deinen Eltern gehen. Ich sage: ‚Ja super. Ich bei meinen Eltern?' ... und dann habe ich halt gemerkt, meine Stiefmutter hat immer probiert, Druck zu machen, wie ich mich zu kaputt machen. Und ich habe gesagt: ‚Du, weißt was, ich gehe in Bahnhof schlafen'"* (Ian Ihly, Z. 316-323). Ian Ihly endet schließlich in der Obdachlosigkeit.

Ebenfalls sehr enttäuscht von den Jugendhilfestrukturen ist Carla Cordts. Sie wechselt von klein auf zwischen Aufenthalten bei ihrer Mutter und solchen in der Kinder- und Jugendhilfe. An eine der ersten Einrichtungen hat sie positive Erinnerungen: *„Die Zeit im Heilpädagogischen Zentrum war echt eine schöne Zeit, ja. Aber auch nur, weil ich von meiner Mutter weg war"* (Carla Cordts, Z. 986-987). Immer wieder wird das Mädchen der Mutter zurück überstellt – trotz sichtlicher Gewalt. Mit 16 begeht Carla Cordts eigene Straftaten und wird angezeigt. Vom Richter vor die Wahl zwischen Strafvollzug und Betreutem Wohnen gestellt, entscheidet sie sich für letzteres. Immer wieder jedoch scheitern die Betreuungsverhältnisse, denn es gelingt der Jugendhilfe nicht, Carla Cordts Vertrauen zu gewinnen. Sie gerät stets in Gefahr und erleidet Reviktimisierungen. Auch in der Ursprungsfamilie setzen sich die Enttäuschungen fort. Als die Mutter eine Beziehung mit Carla Cordts' Partner eingeht, zieht sie bei ihr vorerst endgültig aus. Allerdings erweist sich die Zuflucht bei ihren Großeltern ebenfalls als nicht tragfähig. Ihre gewollte Schwangerschaft entwickelt sich unter diesen Umständen eher zum Alptraum. So scheitert auch die Maßnahme im Mutter-Kind-Heim, sodass das Kind fremduntergebracht wird. Danach rutscht Carla Cordts in eine große Krise, von der sie sich bis heute nicht erholt hat: *„Habe ich erstmal drei Wochen durchgesoffen, ... also ich war so am Ende"* (Carla Cordts, Z. 639-644). Sie lebt heute in einer eigenen Wohnung, bezieht Grundsicherung und nimmt an Maßnahmen vom Jobcenter teil.

Resümee

Deutlich wurde entlang der verschiedenen Kinder- und Jugendhilfeverläufe die divergent gestaltete Beendigung einzelner Maßnahmen: Eine Reihe der befragten Care Leaver:innen wie Kerstin Kaumer, Jalea Jakobs, Alex Albrecht und Elena Elvas erleben die Kinder- und Jugendhilfe als bedarfs- und bedürfnisbezogen, zumindest partiell partizipativ und auf ihre individuellen Belange und Lebenslagen ausgerichtet. Das System erweist sich für sie als hilfreich und unterstützend. Teilweise können die Jugendlichen danach wieder an familiäre Strukturen anknüpfen. Bei anderen Befragten, etwa Hanna Huber, Gero Gustavson, Fred Falstedt und Ben Bastug, trifft dies nicht durchgängig zu. Aber situativ erweist sich das System als hilfreich und stützend, zumal z. T. auf persönliche oder familiäre Ressourcen zurückgegriffen werden kann. Bei Denis Daskalow, Ian Ihly und Carla Cordts jedoch misslingt es, eine Passfähigkeit zwischen der Situation der Kinder und Jugendlichen und dem Jugendhilfesystem herzustellen: Das System erweist sich aus ihrer Sicht als tückisch, intransparent und unnachvollziehbar, sodass tiefes Misstrauen gegenüber Jugendhilfestrukturen und oft auch dem weiteren sozialen Umfeld daraus folgt. Ihre momentane Lebensqualität beschreiben sie als durchgängig schlecht.

5.2.2 Professionelle Unterstützung als Care Leaver:in

„Ich ... war quasi ... angedockt"

Auf diese sehr unterschiedliche Vorerfahrung mit der Jugendhilfe trifft nun die neue, herausfordernde Lebenssituation als Care Leaver:in. Kerstin Kaumer fühlt sich z. B. – nahezu nahtlos – gut aufgehoben. Am Ende der Jugendhilfe wird ihr weitere Unterstützung angeboten: *„Ja, ... also, ob ich vielleicht noch Therapie benötige oder Gespräche. Aber das war nicht mehr nötig"* (Kerstin Kaumer, Z. 64-65). Als sich ihre Eltern wenig später nach ihrem Auszug trennen, greift Kerstin doch einmalig auf die Unterstützung der Einrichtung zurück: *„Weil sich dann meine Eltern getrennt haben. Da habe ich dann auch wieder Kontakt zu denen, also zu manchen Erziehern aufgesucht, weil es halt wieder ziemlich schlimm zu Hause wurde, aber die haben mir dann die Hilfe, haben sie mir Halt dann gegeben"* (Kerstin Kaumer, Z. 71-75). Kerstin Kaumer hat bis heute immer wieder Kontakt mit der ehemaligen Einrichtung: *„Ja, ich habe zu eigentlich fast allen Erziehern noch Kontakt"* (Kerstin Kaumer, Z. 302-303).

Sie erzählt zudem, in der Jugendhilfezeit Freundschaften geschlossen zu haben: *„Also Freunde habe ich auch gefunden in der Jugendwohngruppe. Mit denen bin ich heute noch gut befreundet“* (Kerstin Kaumer, Z. 360-361). Auch hat sich die Beziehung zu ihrer Familie verbessert: *„Das Verhältnis zu meiner Mama ist wieder besser geworden. Das zu meinem großen Bruder ... also allgemein, das hat sich zu Hause sehr gebessert“* (Kerstin Kaumer, Z. 169-171). In akuten Situationen also greift Kerstin auf die Unterstützung durch Fachkräfte zurück. Dabei geht es zwar um eine ganz praktische Unterstützung, jedoch zeugt diese von einer guten Beziehung und einem großen Vertrauen in das System.

Jalea Jakobs hebt in ähnlicher Weise die große Bedeutung des offiziellen Nachbetreuungsverhältnisses für ihr Dasein als Care Leaverin hervor. Sie kann in eine Wohnung einziehen, die in unmittelbarer Nähe einer Wohngruppe liegt, mit der sie zu Beginn noch regelmäßig in Kontakt steht: *„Ich habe dann bei einem Träger neben einer Wohngruppe gewohnt und war quasi einerseits angedockt an die Wohngruppe, wo ich quasi so Zeiten hatte, mich zu melden und zu sagen, was gerade bei mir los ist. Und ja, zweimal in der Woche habe ich dort auch Abend gegessen. Und zusätzlich eben eine ambulante Betreuung“* (Jalea Jakobs, Z.176-180). Sie betrachtet dieses Angebot, das Stück für Stück mehr in den Hintergrund tritt und von Dialog und Partizipation geprägt ist, als bedeutsamen Schutzfaktor, ohne den sie den Übergang lange nicht so reibungslos geschafft hätte. Am Ende der Jugendhilfemaßnahme verfügt sie außerdem über offene Beratungsgutscheine, auf die sie jederzeit zurückgreifen kann.

Im Gegensatz dazu erhält Alex Albrecht keine Nachbetreuung nach § 41 SGB VIII. Auch er kann jedoch sowohl auf seine Pflegeeltern als auch auf das Angebot des Wohnens für ehemals straffällige Menschen zurückgreifen. Auch wenn er sich seine Wohnung ohne Unterstützung von Erwachsenen sucht, hilft ihm sein Pflegevater bei der Wohnungseinrichtung. Mit dem Einrichtungsleiter des Betreuten Wohnens hat Alex Albrecht eine weitere Ressource weiterentwickelt: Er läuft mit ihm gemeinsam Marathon. Auf dieser Basis kann er ähnlich wie Jalea Jakobs seine Ausbildung im sozialen Bereich gut bewältigen.

Alex Albrechts Pflegeeltern waren seiner Meinung nach auch der Grund, dass er den

Kontakt zu den Suchtkreisen abbrach: *„Ich wollte meine Eltern wieder stolz machen"* (Alex Albrecht, Z. 307). Mit Ordnung, Sauberkeit und Selbständigkeit im Wohnen hat er zwar keine Probleme (Alex Albrecht, Z. 661-665), sondern betont eher die emotionale Unterstützung, die immer wieder wichtig war, um den nächsten Schritt zu gehen: *„Aber das waren so die Leute, die mich gehalten haben, bleib' dran, bleib' dran!"* (Alex Albrecht, Z. 312-319). Besonders stark erlebt er dies bei einer Sozialarbeiterin im Strafvollzug, die ihm durch viel Engagement die Chance im Betreuten Wohnen vermittelt hat. Das geht Jalea Jakobs ähnlich. Lebenspraktisches schafft sie völlig selbständig, doch es sind eher emotionale Situationen oder konflikthafte zwischenmenschliche Beziehungen, die sie nach Unterstützung suchen lassen: *„Na das waren vor allem irgendwie, na ja, emotionale Themen. ... Ja, also dass irgendwelche Erinnerungen, ja, Geschichten aus meiner Familie hochkamen und ich damit umgehen musste oder wollte"* (Jalea Jakobs, Z. 259-262). Die für beide nahezu optimal gelungene Ausgewogenheit zwischen Halt in den Jugendhilfestrukturen und Möglichkeiten der Ablösung und Entfaltung schaffen ein entwicklungsförderliches Klima. In Krisensituationen war sofort Hilfe verfügbar.

„‚Hey, hier stimmt was nicht, ich brauche Hilfe'"

Elena Elvas erhält nach ihrem Auszug mit 18 Jahren keine Nachbetreuung: *„Nein, gar nicht. Also nach meinem Auszug war da rein gar nichts mehr zu machen, weil ich dann schon 18 war ... und deswegen musste ich dann eben nach dem Abitur mit leider, leider aus meiner Jugendhilfeeinrichtung ausziehen"* (Elena Elvas, Z. 160-168). Durch die fehlende Nachbetreuung muss sie verschiedene Hürden überwinden, die sie immer wieder in existentielle Krisen befördern: Im ersten Jahr nach dem Auszug ist das – aufgrund des fehlenden Unterhalts – ein massives finanzielles Problem. Sehr zentral in dieser Zeit werden zwei Freundinnen aus ihrer ehemaligen Einrichtung: *„Dann war damals der Kontakt zu meinen zwei Freundinnen aus der Wohngruppe echt eng, weil wir uns dann eigentlich fast jede Woche gesehen haben. Das war auch ganz schön. Ja, sonst (lacht) war es, ja, schon auch ein bisschen problembehaftet, dieses ganze Jahr ... also das war so ein bisschen Hin- und Hergeschiebe. ... Dann natürlich die Geschichte mit meinem Vater ... emotional ziemlich belastend. ... Genau, und dann halt mit meinem damaligen Freund, das war ... auch emotional* *nochmal so belastend gewesen"* (Elena Elvas, Z. 291-330). Mit ihren Eltern ist Elena Elvas wenig in Austausch, doch zu ihren beiden Geschwistern hat sie ein intensives Verhältnis. Vor allem aber zu ihrer ehemaligen Einrichtung hält sie Kontakt: Eine ihrer beiden Bezugserzieherinnen ist zwar kurz nach ihrer Beendigung ins Ausland gegangen, aber mit der zweiten pflegt sie noch regelmäßigen Austausch. Diese Verbindung zu der ehemaligen Einrichtung, sowohl zu den Peers als auch den Betreuungspersonen, ist für sie sehr bedeutsam.

Auch Hanna Huber erhält keine Hilfe mehr vom Jugendamt nach dem Auszug aus der stationären Jugendhilfe. Diese erachtet sie allerdings auch nicht als nötig. *„Das war aber auch nicht nötig also ... ich habe damals dankend abgelehnt ... allerdings mit anderen Gruppenmitgliedern habe ich nach wie vor noch Kontakt und das bleibt auch* (Hanna Huber, Z. 101-117 und Z. 369-377). Dennoch meldet sich die Einrichtung selbst hin und wieder bei Hanna Huber: *„Ja, ein Betreuer über Facebook, wo man mal hin und wieder geschrieben hat, wie es einem geht. Aber mehr schon auch nicht"* (Hanna Huber, Z. 361-362). Ähnlich geht es Fred Falstedt. Über die Zeit in der Einrichtung sagt er: *„Die guten Seiten waren, dass mich die Betreuer den Weg gezeigt haben. Den richtigen Weg, wie man in Deutschland leben kann. Ich habe gute Freunde gefunden dort"* (Fred Falstedt, Z. 148-150). Seinem Empfinden nach haben die Betreuer:innen ihm alles gezeigt, was er brauchte, und ihn gut auf das selbständige Leben vorbereitet: *„Ja, über alles. Sie haben alles für mich gemacht"* (Fred Falstedt, Z. 161). Kontakt halten möchte er jedoch nicht, das wäre für ihn komisch (Fred Falstedt, Z. 498). Hanna Huber und Fred Falstedt betonen außerdem, dass sie auch in lebenspraktischen Dingen keine Unterstützung brauchen. Bei der Ausbildungsplatzsuche jedoch hat Hanna Hubers Vater geholfen (Hanna Huber, Z. 191-199). Die Mitarbeiterin des Jugendamtes, eine Bekannte der Familie, mit der sie in regelmäßigem Kontakt ist, unterstützt sie zudem bei Anträgen und bei der Vermittlung einer passenden Beratungsstelle (Hanna Huber, Z. 393-399).

Auch Ben Bastug erhält keine Nachbetreuung nach § 41 SGB VIII vonseiten der Jugendhilfe. Jedoch nimmt er das Angebot einer Art „Sprechstunde" der Fachkräfte aus der ehemaligen Einrichtung der Jugendhilfe sporadisch in Anspruch: die *„Betreuer, die helfen mir jetzt im Monat zwei Stunden, ist ein Donnerstag, 16-18 Uhr.*

Und das schaffe ich vielleicht im Monat einmal" (Ben Bastug, Z. 90-94). Im Kontrast zu den Erfahrungen von Jalea Jakobs und Alex Albrecht sucht er Unterstützung, vor allem bei akuten administrativen Alltagsproblemen. Auch bei der Verbesserung seiner Wohnsituation helfen ihm die Fachkräfte der früheren Einrichtung, bisher allerdings leider erfolglos. Seine Versuche, als ehemals Geflüchteter Ämtern gegenüberzutreten, münden bisher häufig in schwierigen Situationen: *„Und dann bin ich zu Sozialamt gegangen und die sagten: ‚Wir können gar nichts machen. Wir können für dich nicht eine Wohnung bauen'. Es war auch nicht so respektvoll. Weißt du, was ich meine?"* (Ben Bastug, Z. 180-182). Um diese Hindernisse zu meistern, fühlt er sich auf die Unterstützung sehr angewiesen. Das abrupte Ende der Jugendhilfemaßnahme beeinflusst seine Entwicklung daher sehr negativ. Bis heute ist er fassungslos darüber: *„Ja, weil Betreuer haben gesagt ... das ist jetzt nicht in unserer Hand"* (Ben Bastug, Z. 178-180). Er resümiert: *„Dieses am Ende war auch nicht so okay"* (Ben Bastug, Z. 550).

Die von Kerstin Kaumer, Jalea Jakobs und Alex Albrecht vermittelte Stabilität fehlt Ben Bastug also für seinen Sprung in die Selbständigkeit, obwohl er über seine Ursprungsfamilie über eine emotionale Einbindung verfügt. Er fühlt sich ohne angemessene Unterstützung bei den Schwierigkeiten, vor die geflüchtete Personen gestellt werden und die häufig mit Diskriminierungen und Stigmatisierungen verbunden sind, nicht gewachsen. Im Gegensatz zu Hanna Huber, Fred Falstedt und Elena Elvas kann er in Deutschland auf kein Familien- oder soziales System zurückgreifen. Auch Gero Gustavson berichtet, dass er seit seinem 18. Lebensjahr keine Unterstützung mehr von der Jugendhilfe erhält, diese damals jedoch sehr wohl noch benötigt hätte: *„Ich glaube, da war alles, da hat das Jugendamt, glaube ich, gesagt, dass es nichts mehr ist, dass sie nichts mehr machen. ... Ja, weil ich halt ... abgehauen bin und es einfach hingeschmissen habe"* (Gero Gustavson, Z. 653-661). Mit den ehemaligen Mitbewohner:innen der stationären Wohngruppe hat er gelegentlich Kontakt, wie er ihn sich ebenso zu den Betreuer:innen gewünscht hätte. Bei Bewerbungen und lebenspraktischen Fragen hilft ihm seine Mutter. Das Jobcenter unterstützt ihn darin, eine berufliche Perspektive zu finden, doch der Vorgang erweist sich als schwierig. Auch hier fühlt sich der Heranwachsende an seine Ursprungsfamilie verwiesen.

Diese stellt zwar für ihn eine Stütze dar, ist aber mit manchen seiner Lebensabschnitte und der spezifischen Unterstützung dafür überfordert.

„Es war Katastrophe. Ich habe keine Ahnung. Von nichts. Und ich war allein"
Auch Denis Daskalow erhält keine Nachbetreuung nach § 41 SGB VIII vonseiten der Jugendhilfe, obwohl dies seiner eigenen Einschätzung nach dringend notwendig gewesen wäre: *„Dann wäre alles um einiges einfacher gewesen. Ja. So stand ich dann auf einmal mit eigenen Füßen überall und wusste gar nicht, wie ich es machen soll"* (Denis Daskalow, Z. 38-42). Bei ihm wirkt sich diese Betreuungslücke fatal aus, denn er gerät in eine Krise: *„Wie geht es jetzt weiter? Was wird aus mir? Dadurch, dass ich keine Hilfe gekriegt habe, habe ich gedacht, ... jetzt war es das"* (Denis Daskalow, Z. 776-778). Nachdem er mit vielen Mühen eine Wohneinrichtung gefunden hat, unterstützt die Sozialarbeiterin Denis Daskalow bei der Beantragung von ALG II. Seinen zukünftigen Ausbildungsplatz im Malereibetrieb hat er sich jedoch allein organisiert. Trotzdem hätte er sich beim Bewerbungsprozess mehr Unterstützung gewünscht: *„Aber das wird einem nicht gegeben. ... Du bist alt genug'"* (Denis Daskalow, Z. 889-896). Die vielen Hilfeabbrüche ermöglichen es Denis Daskalow nicht, in einer Einrichtung während der Jugendhilfe anzukommen und Fuß zu fassen. So fühlt er sich nirgends angenommen und ständig weggeschoben: *„Oft weggeschmissen, sobald es eine Problematik gab. ‚Du kommst jetzt hier weg. Du kommst jetzt Rauswurf. Du kommst jetzt woanders hin. Hier können wir dich nicht stemmen"* (Denis Daskalow, Z. 1235-1249). Irgendwann, so Denis Daskalow selbst, konnte er auch nicht mehr kooperieren, *„irgendwann hat mir das nicht mehr gepasst"* (Denis Daskalow, Z. 100).

Eine weitere Steigerung dieser Erfahrungen wird mit Blick auf Ian Ihlys Zeit nach der Jugendhilfemaßnahme deutlich. Er ist nach seiner Rückkehr aus der stationären Unterbringung im Ausland mit 18 Jahren völlig hilflos und ohne Unterstützung, denn wegen seiner Volljährigkeit wird ihm keine andere Hilfeform gewährt. Außerdem findet er weder im familiären noch im weiteren sozialen Umfeld Halt. Sprachliche Barrieren, Unkenntnis, Einsamkeit und fehlendes Vertrauen hindern ihn daran, dieses soziale und haltende Umfeld überhaupt aufzubauen: *„Ich war allein"* (Ian Ihly, Z. 618-620). Er findet klare Worte dafür, was er gebraucht hätte: *„Ein Hilfe vielleicht. Hilfe, zu sagen, wie funktioniert, wie funktioniert das, wie funktioniert eine Wohnung, wie* *funktioniert alles. Ich bin gekommen hier in Hamburg. ... Ich habe keine Ahnung gehabt. Richtig nichts"* (Ian Ihly, Z. 631-635). Auch bei seiner ehemaligen Einrichtung findet er nur wenig Unterstützung: *„Ich bin ab und zu gekommen. Dann ich habe gemerkt, ich kenne kein Mensch mehr und braucht man nichts zu kommen, ... ich denke an das Heim. Es war gute Zeit für mich, trotzdem"* (Ian Ihly, Z. 351-355). Auch in einer psychotherapeutischen Unterstützung kann er nicht andocken: *„Nein, bei mir ist, ich muss richtig vertrauen der Person. Und ich habe nie wieder, ich habe keine Vertrauen bei jede Psychologe"* (Ian Ihly, Z. 1094-1096). Nach vielen krisenhaften Jahren in Armut und Wohnungslosigkeit, mit mehreren Gefängnisaufenthalten, Drogenkonsum und vergeblichen Versuchen, in das System zurückzukommen, findet er schließlich eine Einrichtung für wohnungslose Menschen, die ihm etwas Halt gibt.

Carla Cordts' Hilfeverlauf ist so von Abbrüchen und Diskontinuitäten geprägt, dass eine Nachbetreuung gar nicht im Bereich des Möglichen liegt. Ähnlich wie Denis Daskalow und Ian Ihly, jedoch in noch stärkerem Maße, drückt sie aus, wie sehr sie sich vom Hilfesystem im Stich gelassen fühlt. Auch für Carla Cordts besteht der Bedarf nicht so sehr in lebenspraktischen Hilfen, denn hier fühlt sie sich kompetent und sicher. Es geht ihr eher um eine emotionale Unterstützungsdimension, die sie seit ihrer Kindheit vermisst. Besonders spürbar wird dies anhand des Fremdunterbringungsprozesses ihres Sohnes: *„Und kam dann an und meinte, ja, ob ich das Kind nicht zur Adoption freigeben will, und da ich nicht lieber feiern gehen will. Ich sage: ‚Ich habe in meiner Jugend genug gefeiert ... ich habe alles Mögliche durch', ... Ich sage: ‚Ich will sesshaft werden, ich will eine Familie gründen und ich will meinen Weg gehen. ... Und das Kind ist geplant und das Kind bleibt bei mir'"* (Carla Cordts, Z. 401-407). Aber im Hilfeprozess von Carla Cordts gelingt keine gegenseitige Verständigung: *„Aber das ist dem Jugendamt alles egal. ... Alle vertrauen mir ihre Kinder an, nur das Jugendamt mir mein eigenes nicht ... nachdem die dann irgendwie eine Stunde auf mich eingeredet haben und ich vor lauter Tränen gar nichts mehr gesehen habe und dasaß und ne', war am ganzen Körper von oben bis unten gezittert habe, kein Wort mehr rausgekriegt habe,"* unterschreibt Carla Cordts (Z. 435-440 und Z. 909-914).

Resümee

Während also einige der Care Leaver:innen, vor allem Kerstin Kaumer, Jalea Jakobs und Alex Albrecht, von nahezu optimalen Möglichkeiten der stufenweise Ablösung nach der Jugendhilfe berichten, bricht bei anderen die Hilfe unmittelbar ab. Bei manchen der Care Leaver:innen – z. B. Elena Elvas, Hanna Huber, Gero Gustavson, Fred Falstedt und Ben Bastug – wiederum kann dies durch familiäre oder soziale Unterstützungssysteme und eigene vorhandene Ressourcen mehr oder weniger aufgefangen werden und wächst sich daher nicht zu einer tiefen Lebenskrise aus. Vor allem bei jenen Care Leaver:innen, die bereits in den Jugendhilfestrukturen keinen durchgängig akzeptablen Halt und Unterstützung gefunden hatten wie Denis Daskalow, Carla Cordts und Ian Ihly, setzt sich die Verlorenheit hingegen nahezu in gleichem Maße fort. Zurück bleibt bei Carla Cordts – ebenso wie bei Denis Daskalow und Ian Ihly – ein Gefühl von Misstrauen, welches sich auf viele Berufsgruppen erstreckt, so z. B. auf ihren Anwalt: *„‚Deine Geschichte ... bewegt mich und so'"*, zitiert sie ihn, *„im Nachhinein hab' ich erfahren, dass er schon seit Jahren mit der Frau, die mir das Kind weggenommen hat, zusammenarbeitet"* (Carla Cordts, Z. 633-635).

5.2.3 Beziehung(en), gesellschaftliche Teilhabe und soziale Unterstützung

„Da gehe ich hin. Egal, welche Schwierigkeiten ich habe"

Kerstin Kaumer erzählt, in der Jugendhilfezeit enge Freundschaften geschlossen zu haben: *„Also Freunde habe ich auch gefunden in der Jugendwohngruppe. Mit denen bin ich heute noch gut befreundet"* (Kerstin Kaumer, Z. 360-361). Auf die Einrichtung und die Personen dort greift sie wie selbstverständlich bei der Trennung ihrer Eltern zurück. Zudem berichtet sie, dass sich die Beziehung zu ihrer Familie nach der Jugendhilfe verbessert hat. Auch Jalea Jakobs fühlt sich sozial gut in ein stützendes Netzwerk eingebunden: Den Kontakt zu Bewohnenden und Fachkräften ihrer ehemaligen WG hält sie bis heute. Außerdem haben sowohl die Menschen als auch der Ort an sich ihrer Empfindung nach positive Auswirkung auf ihr Wohlergehen: *„Und ja, habe da schon auch noch das Gefühl, ein Stückweit zuhause zu sein ... also einerseits dieser Ort und andererseits aber auch diese Beziehungen zu ehemaligen Betreuern"* (Jalea Jakobs, Z. 557-564). Alex Albrecht beschreibt, dass er gute Freunde hat, die ihn in schweren Zeiten sehr unterstützt haben und mit denen er sich auch heute noch regelmäßig trifft. Er würde sich bei Problemen wieder an sie wenden: *„Zu meinen Freunden, da gehe ich hin. Egal, welche Schwierigkeiten ich habe“* (Alex Albrecht, Z. 190-192).

Vor allem beschreibt Alex Albrecht die Bedeutung der Beziehung zu seinen Pflegeeltern: *„Das ist meine Pflegemutter und die sehe ich so, als meine richtige Mutter“* (Alex Albrecht, Z. 10). Die Pflegeeltern, so betont er, standen immer – selbst in Krisenzeiten – an seiner Seite und waren das Gegengewicht zu destruktiven Kreisen, in die er geraten war. Die Zeit, in der der Kontakt zu den Pflegeltern abbrach, bezeichnet er als den *„totalen Ausnahmezustand“* (Alex Albrecht, Z. 298). Trotz des delinquenten Verhaltens ist der Kontakt zur Pflegemutter und den anderen Familienmitgliedern *„mittlerweile ... wieder gut! Sehr gut! Das Vertrauen habe ich zurückgewonnen, trotz dem ganzen Blödsinn, was ich gemacht habe“* (Alex Albrecht, Z. 14-15). Zu seinem dichten Unterstützungsnetz zählt ebenfalls das Betreute Wohnen für Straffällige, das er die *„letzte Hoffnung“* nennt (Alex Albrecht, Z. 435). Dort fühlt er sich sehr angenommen, zugleich aber auch als sich erst allmählich entwickelnde Person wahrgenommen. Das Betreute Wohnen gebe ihm einen angemessenen Rahmen und verschiedene Lerngelegenheiten. Er erlernte dort z. B. finanzielle Kompetenzen, Respekt und die Ausdauer, die Ausbildung durchzuhalten.

Auch Elena Elvas hat verschiedene feste und stabile Freundschaften im nahen Umfeld: *„Also ich habe wenig Freunde, aber dafür sehr gute ... wenn wir uns sehen, ist das so, also hätten wir die ganze Zeit Kontakt gehabt. Dann habe ich aus der Uni eine sehr gute Freundin. ... Und vom Nebenjob habe ich auch eine sehr gute Freundin jetzt und wir treffen uns eigentlich regelmäßig“* (Elena Elvas, Z. 126-136). Für die Zeit nach dem Auszug aus der Wohngruppe erzählt sie daneben von weiteren Menschen, von denen sie unterstützt und begleitet wird: *„Meine Patentante ... wir telefonieren eigentlich jede Woche. Das ist so meine emotionale Stütze, weil das einfach so, das ist die beste Freundin, Muttersatz und Oma so in einem. Dann, ich war damals in Therapie, also bei einem Psychotherapeuten“* (Elena Elvas, Z. 480-493). Auch zu ihrer ehemaligen Einrichtung hält sie noch Kontakt. Die Verbindung zu ihrer Familie fokussiert sich dagegen auf ihre zwei Geschwister: *„Zu meinem Vater hatte ich generell noch nie wirklich Kontakt gehabt. ... Mit meiner Mutter ist es weiterhin recht* *schwierig. Also ich habe jetzt überwiegend Kontakt mit meinen zwei Halbgeschwistern"* (Elena Elvas, Z. 114-118).

„Und habe dann meine Eltern angerufen"

Hanna Huber wiederum betont in erster Linie die Unterstützung ihrer Eltern: *„Also meine Eltern haben sich damals ziemlich lang dann unterhalten, ... nachdem ... ich dann längere Zeit nicht auffindbar war, ... sie holen mich wieder raus, weil es bringt nichts"* (Hanna Huber, Z. 158-163). Sie erfährt auch Rückhalt von Freund:innen: *„Also der Kontakt auch damals, wie ich in das Betreute Wohnen gegangen bin, ist er da nie abgebrochen und auch nie zur Familie. Also von dem her, nein, das ist nach wie vor alles sehr gut und bin ich auch froh drüber"* (Hanna Huber, Z. 493-495). Auch die bereits erwähnte Bekannte aus dem professionellen Feld ist eine große Hilfe. Sie vermittelt Hanna Huber in eine Beratungsstelle. *„Und die hat mich dann damals, ja, zu einer Beraterin geschickt. Mit der habe ich auch nach wie vor noch ... da habe ich viel Unterstützung gekriegt ... eine Vertrauensperson"* (Hanna Huber, Z. 407-419). Fred Falstedt dagegen sucht für Unterstützung beim Schreiben an Behörden etc. lieber Peers auf, obwohl er sich auch an seine ehemalige Einrichtung hätte wenden können: *„Ich habe hier eine gute Freundin und ich bin zu der dann gegangen ... Ich habe einen Freund, wir haben zusammen gelesen und der hat mir erklärt"* (Fred Falstedt, Z. 251-253).

Gero Gustavson sucht, nachdem er auf der Straße lebte, bei seiner Ursprungsfamilie Zuflucht, da die Jugendhilfe ihm keine Rückkehr ermöglichen konnte: *„Und habe dann meine Eltern angerufen, habe dann gesagt, dass sie mich abholen sollen"* (Gero Gustavson, Z. 358). Nun fühlt er sich in seiner Ursprungsfamilie wieder gut eingebettet, pflegt guten Kontakt zu Mutter, Vater und Bruder (Gero Gustavson, Z. 148-149). Auch hat er – neben seiner Partnerschaft – einige Verbindungen zu Freunden: *„Und die mir auch geholfen haben, möglich zu machen, meine Freundin da aus der Nähe Rosenheim da rauszuholen. Weil ich einfach gemerkt habe, dass es ihr dort nicht gut geht und alles, dass es nichts für sie ist, dort. Einfach diese Kreise"* (Gero Gustavson, Z. 889-892). Dass die berufliche Wiedereingliederung so scheitert, hat ihn sehr frustriert, denn er hatte große Hoffnung in die Maßnahme: *„War ganz gut. Also ich hatte wenig Streit, also fast gar keinen Streit. Ich war zufrieden mit denen, die haben mir* *geholfen"* (Gero Gustavson, Z. 815-817). Jedoch wurde er zu seiner großen Enttäuschung von der Einsatzstelle nicht übernommen.

Ben Bastug hat nur ab und zu Kontakt zu den Betreuer:innen der ehemaligen Trägerwohnung, obwohl er diese wie einen Familienersatz betrachtet. Er beschreibt, dass er sich vor allem bei ganz praktischen Fragestellungen im Alltag an die Einrichtung wendet. Auch einen Freund konnte Ben Bastug in der Zeit der stationären Jugendhilfe gewinnen, der für ihn da ist: *„Ich habe einen Freund, der ist aus Afrika. Ich habe mit ihm in Wohngruppe gewohnt in 2017. Und er hat jetzt eine Wohnung und er hat ein Zimmer frei. Und er hat gesagt: ‚Du kannst zu mir umziehen'"* (Ben Bastug, Z. 75-77). Mit der Familie in Afghanistan hat Ben Bastug nur sporadisch Kontakt, weil er sich dadurch sehr belastet fühlt und in Hilflosigkeits- und Schuldgefühle gerät. Auch sein erster Versuch, am Arbeitsmarkt Fuß zu fassen bzw. einen Ausbildungsplatz zu erhalten, scheitert an der Voreingenommenheit der Leitung des Ausbildungsbetriebs. Doch beim zweiten Versuch gelingt es ihm, eine neue Ausbildungsstelle zu finden: *„Und die wollen, ja, die sagen: ‚nach Ausbildung wollen wir auch dich haben'"* (Ben Bastug, Z. 365-371).

„Leute, die wirklich stabil mit beiden Beinen im Leben stehen, habe ich eher weniger"
Denis Daskalow erlebt sein Umfeld mit wenigen Ausnahmen als weniger unterstützend. Bevor er seine Verlobte kennenlernt, hat er sich bereits aufgegeben: *„War ich ja drogenabhängig. Mir war alles egal. Ich habe mich lieber draußen vollgekokst, vollgesoffen und vollgekifft. Und dann habe ich jemand aufs Maul gehauen .... Das war mein Tagesablauf. Und ich habe gedacht: ‚Da, jetzt ist vorbei. Ich wandere irgendwann mal in den Knast'"* (Denis Daskalow, Z. 1305-1311). In der stationären Drogentherapie lernt er seine zukünftige Verlobte kennen: *„Da habe ich meine Frau kennen gelernt und dann weiß ich, es war gut, dass ich in die Therapie gegangen bin. Ohne diese Therapie wäre ich sicher schon tot. Bin ich mir sicher. Ohne sie wäre ich nichts. Für sie würde ich alles tun"* (Denis Daskalow, Z. 1311-1316). Auch die Mutter seiner Verlobten ist ihm eine wichtige Stütze. Später möchte Denis Daskalow gerne eine eigene Familie gründen. Außerhalb dieser Verbindung gestalten sich die Netzwerke jedoch eher rar: *„Mein ganzes Umfeld ist immer noch kein besonders gutes"* (Denis Daskalow, Z. 913-915). Auf seinen verstorbenen Vater bezieht er sich

überwiegend positiv, obwohl er auch Gewalt- und Vernachlässigungserlebnisse mit ihm schildert. Kontaktversuche der kaum bekannten Mutter über Facebook und Telefon scheitern: *„Ich liebe meinen Papa. Auch wenn er gestorben ist, ich liebe ihn. Egal, was er gemacht hat, ich liebe ihn. Meine Mama hasse ich abgründig. Ich hasse sie. ... Ich hasse sie, echt"* (Denis Daskalow, Z. 1734-1741). Zu den ehemaligen Pflegefamilien hat Denis Daskalow sporadisch Kontakt, zu den Heimeinrichtungen nicht mehr.

Für Ian Ihly führen soziale Isolation, fehlendes Vertrauen und fehlende Anknüpfung an professionelle Settings zu einer jahrelangen Wohnungslosenkarriere. Er muss um sein Überleben kämpfen und kommt immer wieder in den offenen Vollzug: *„Ja. Ich habe viel geklaut, sag' mal, nicht geklaut für Spaß, ich habe nur geklaut für Überleben, ... ich habe nicht gewollt zu klauen. Ich habe im Grunde nur geklaut für Überleben"* (Ian Ihly, Z. 443-449). Das Sozialamt unterstützt ihn all die Jahre nicht und auch bei seiner Stiefmutter kann er nicht unterkommen: *„Für mich schwierig das war, ich habe kein Geld gehabt. Ich war beim Sozialamt ... sie hat zu mir gesagt: 'Ja, tut mir leid. Ich kann nichts machen. Dein Geld bekommt deine Stiefmutter' ... habe drei Jahre richtig ohne nichts gelebt und ich habe so viel Scheiße gebaut dann dafür'"* (Ian Ihly, Z. 426-432). Immer wieder versucht er, Arbeit zu finden, kann aber nirgends mehr andocken: *„Ich habe viel Problem ... ich gehe weg von der Chef. Ich renne weg von ihm. Das war meine Reflex von der Straße"* (Ian Ihly, Z. 739-749). Seit er im Heim für wohnungslose Menschen angebunden ist, fühlt er sich aufgehoben und wohl: *„Endlich jemand sie hat mich genommen, wie ich bin ... ich habe gesagt: ‚Hier ist nicht wie in Arbeitsamt, die denken, ich wäre eine Nummer' ... diese drei Jahre hat mich richtig hoch gebracht ... habe erste Mal drei Jahre durchgemacht in die Küche"* (Ian Ihly, Z. 460-469 und Z. 759-760). Heute hat Ian Ihly ein Kind in Bulgarien, das er einmal im Monat sieht. Sein Vater ist tot. Bei der Frage nach Freundschaften sagt er: *„Ich bin einsam"* (Ian Ihly, Z. 199).

Ein ebenfalls negatives Gesamtresümee zieht Carla Cordts. Die zuvor bereits instabile Beziehung zum Kindesvater ist seit der Herausnahme des gemeinsamen Sohnes zerbrochen. Mit Blick auf ihre Freundschaften äußert Carla Cordts, dass sie auf diese bei Schwierigkeiten zurückgreifen kann, merkt jedoch auch kritisch an: *„Leute, die* *wirklich stabil mit beiden Beinen im Leben stehen, habe ich eher weniger"* (Carla Cordts, Z. 416-417). Zur Herkunftsfamilie besteht keine tragende, stabile Beziehung: Die Verbindung zur Mutter ist sehr belastet und belastend, denn Kontaktabbrüche und hohe Emotionalität wechseln sich ab. Carla Cordts berichtet von zahlreichen Gewalterfahrungen und Situationen des Ausgeliefertseins: Sie *„hat mich angeschrien, meine Mutter hat mich früher geschlagen, was sie bis heute immer noch abstreitet. So. Bis ich irgendwann zurückgeschlagen habe, weswegen sie das Jugendamt eingeschaltet hat"* (Carla Cordts, Z. 999-1001). Zum Vater besteht kaum Kontakt. Durchweg positiv jedoch äußert sie sich zu ihrem Sohn: *„Die einzige Person, die es geschafft hat, dass ich wirklich bedingungslose emotionale Nähe zulasse, war mein Sohn. Ist auch die einzige"* (Carla Cordts, Z. 1020-1025). Am Rande berichtet sie, dass sie guten Austausch mit ihrem ambulanten Familienhelfer hat. Ansonsten macht sie nahezu ausschließlich schlechte Erfahrungen.

Resümee

Deutlich wird, wie stark die Qualität der sozialen Inklusion mit der professionellen Einbettung verwoben ist. Einige der Care Leaver:innen, insbesondere Kerstin Kaumer, Jalea Jakobs, Alex Albrecht und Elena Elvas, fühlen sich in ihrem sozialen Netzwerk sehr gut eingebunden. Auch Hanna Huber, Gero Gustavson, Fred Falstedt und Ben Bastug verfügen über die eine oder andere Anlaufstelle für soziale Unterstützung – seien es die Ursprungsfamilie, weitere Bekannte, Beratungsstellen oder Peers –, die Unterstützung ist aber nicht ganz so stabil. Einige der Care Leaver:innen, vor allem Denis Daskalow, Ian Ihly und Carla Cordts, haben das Gefühl, auch in diesem Bereich ihr ganzes Leben gegen Windmühlen zu kämpfen, weil die Isolierung und Erfolglosigkeit vom sozialen Bereich in andere Gebiete hinein ziehen.

5.2.4 Gesamtbewertung und Wünsche der Care Leaver:innen

„Das hat mir schon viel geholfen"

Die Gesamtbewertung und die abschließenden Wünsche der Care Leaver:innen führen die bisher aufgeführten Themen zusammen. Keineswegs überraschend kann z. B. Kerstin Kaumer ihre Jugendhilfemaßnahme und Care Leaver-Zeit überwiegend positiv bewerten. Sie weiß um die Bereicherung durch die Urlaube im Rahmen der Hilfe und um die Bemühungen der Fachkräfte hinsichtlich ihres Auszugs (Kerstin Kaumer, Z. 143-145). Zudem unterstützt ihre Bezugsbetreuerin sie bei der Suche nach einem Ausbildungsplatz (Kerstin Kaumer, Z. 181-189). Insbesondere die psychologischen Maßnahmen sowie Gespräche mit den Betreuer:innen hebt sie positiv hervor: *„Ja schon, weil ich war ja während der Zeit in der Jugendwohngruppe auch in psychologischer Betreuung. Und das hat mir auch sehr viel geholfen. Und auch so die Gespräche mit den Betreuern, das hat mir schon viel geholfen"* (Kerstin Kaumer, Z. 294-296). Sie habe z. B. gelernt, sich besser abzugrenzen: *„Nicht immer Ja zu sagen, sondern auch mal Nein zu sagen, und auf sich selber zu schauen"* (Kerstin Kaumer, Z. 368). Problematischer erachtet sie das als zu streng erlebte Regelsystem der ehemaligen Einrichtung. Zusammenfassend lässt sich resümieren: Kerstin Kaumer kann das für sie Notwendige aus der Jugendhilfe mitnehmen und hat nach wie vor dorthin Kontakt, benötigt die Jugendhilfe aber nicht mehr. *„Also da habe ich schon meine Ziele erreicht"* (Kerstin Kaumer, Z. 277-279), sagt sie abschließend.

Auch Jalea Jakobs betont immer wieder, wie wichtig und hilfreich die Zeit in der Jugendhilfe, der respektvolle und bedarfsorientierte Umgang der dortigen Mitarbeiter:innen und auch derjenigen in der Nachbetreuung für sie war. Sie hat eine sehr klare Antwort, als sie nach ihrem Resümee gefragt wird: *„Wenn es die nicht gegeben hätte, dann gäbe es mich jetzt nicht mehr"* (Jalea Jakobs, Z. 525-526). Dennoch hätte sie sich gewünscht, dass von den betreuenden Fachkräften ein stärkerer Fokus auf dem Thema Beziehungsgestaltung gelegen hätte, denn *„da war ich völlig blauäugig"* (Jalea Jakobs, Z. 498-511). Auch zu bestimmten Zeiten, wie dem Wochenende, oder im Umgang mit Finanzen würde sie sich mehr Anleitung wünschen. Nichtsdestotrotz konstatiert sie: *„Aber so insgesamt bin ich auf einem guten Weg, würde ich jetzt mal behaupten"* (Jalea Jakobs, Z. 549-552).

Auch für Alex Albrecht fällt das Gesamturteil sehr positiv aus: *„Die haben mich gemacht, wie ich jetzt so bin"* (Alex Albrecht, Z. 742). Die Aufnahme in die Pflegefamilie *„war ... ein Wunder"* (Alex Albrecht, Z. 758). Er hat aber auch eine Anregung: Er hätte an manchen Stellen mehr *„Druck"* gebraucht, besonders bei den Finanzen: *„Ich schaff' das mehr mit Druck! Und das wäre vielleicht auch so eine Sache gewesen für* *mich, ... dass die dann gerade etwas mehr auf dich zugehen"* (Alex Albrecht, Z. 533-541).

„Also es wäre auf jeden Fall sinnvoll gewesen ... wenn ich einfach jemanden an meiner Seite gehabt hätte"

Die Gefahren der Care Leaver:innen-Zeit werden durch Elena Elvas besonders einprägsam geschildert, da sie trotz umfassender Ressourcen für eine gewisse Zeit in prekäre Situationen gerät: *„Also es wäre auf jeden Fall sinnvoll gewesen ... wenn ich einfach jemanden an meiner Seite gehabt hätte"* (Elena Elvas, Z. 376-378). Sie verdeutlicht, wie wichtig eine fortlaufende professionelle Unterstützung im Übergang gewesen wäre, damit diese Zeit in die Selbständigkeit hinein besser und mit weniger Krisen gelungen wäre. Auch ihr geht es nicht um alltagspraktische Begleitung, sondern dezidiert um Orientierung im neuen Lebensabschnitt, die eine emotionale Stütze und Reflexion ihrer Situation ermöglicht. Sie erzählt: *„Und auch mit mir so diese Entscheidung reflektieren, zu meinem damaligen Freund zu ziehen, weil wir waren halt beide ... 18 ... es waren ja ältere Betreuerinnen, die ich auch hatte, so von deren Lebenserfahrung, dass man einfach sagt: ‚Okay, du bist gerade verliebt, aber vielleicht hält das auch nicht für immer und vielleicht brauchen wir was anderes, damit du am Ende nicht vor den Scherben deiner Existenz stehst.' So was, das hat einfach gefehlt, ja"* (Elena Elvas, Z. 393-400). Die vielen Ressourcen, die Elena mitbringt, und der Halt, den sie in dieser ganzen Zeit von ihrem weiteren Umfeld und der ehemaligen Einrichtung erfährt, ermöglichen es ihr dennoch, erfolgreich zu studieren und sich das Leben aufzubauen, das sie sich wünscht. Ihr Resümee fällt daher ebenfalls relativ positiv aus.

Hanna Huber sieht die eigentliche Unterstützung von Aufwachsenden im Aufgabenfeld der Familie, auch wenn sie keineswegs durchgängig negative Erfahrungen mit der Jugendhilfe gemacht hat. Sie beschreibt z. T. guten Kontakt zu Fachkräften in der stationären Jugendhilfe: *„Man konnte reden mit denen. Also mit gewissen Leuten hat man reden können. Die waren immer da. Die haben ein offenes Ohr gehabt. Die haben auch mitgekriegt, wenn es einem mal nicht so ging ... ich fand, das hat schon sehr gut getan. Wo ich eh' so eine war, sage ich mal, ich habe nicht gleich jedem vertraut. Ich bin auch nicht mit jedem klargekommen von den Betreuern"* (Hanna

Huber, Z. 271-280). Ferner sagt sie, dass sie in dieser Zeit vieles erlernte: *„Gebracht schon. Ja. Schon. Schon. Ich habe gelernt, nach Regeln zu leben. Ich habe gelernt, ja im Haushalt auch zu machen. Zu Kochen, zu Waschen. Also ich muss sagen, ich habe das wirklich die Zeit auch genossen dort. Ich war zwar auch froh, wie ich draußen war. ... Und das hat mir auch ein bisschen viel geholfen. Aber meine Kinder dahin tun oder generell in so eine Einrichtung, nein"* (Hanna Huber, Z. 449-455). Hanna Hubers Aussage bleibt ambivalent: *„Also ich glaube, ich war mit Sicherheit nicht so weit, wenn ich da nicht gewesen wäre. Aber ob es mir das jetzt ja richtig gut weitergeholfen, weiß ich nicht. Ich habe mir vieles selbst erarbeitet"* (Hanna Huber, Z. 262-265).

Auch Gero Gustavson zeigt sich in seiner Gesamtbewertung zwiegespalten. Den Übergang von seiner Familie in die erste Jugendhilfeeinrichtung empfindet er als belastend, weil er über einen längeren Zeitraum Heimweh hatte. Dennoch sagt er rückblickend, dass er eigentlich in der ersten Wohneinrichtung hätte bleiben sollen: *„Es war halt Heimweh und alles. Ja. Am Anfang habe ich gedacht: '... ich möchte endlich mal was machen anstatt immer Schule, Schule, Schule', und dann habe ich halt das angefangen, habe dann in den ersten fünf Wochen gemerkt: ‚Hier, das ist nichts, wäre ich doch besser dortgeblieben'"* (Gero Gustavson, Z. 472-480). Haushaltsführung hat er zwar in der Jugendhilfe gelernt, aber es gab wenig übergreifende Unterstützung, insbesondere in Bezug auf die berufliche Perspektive: *„Es hat sich keiner ... darum gekümmert. Niemand ... da hat keine Jugendhilfe getan ... dass wir eine Ausbildungsstelle ... bekommen"* (Gero Gustavson, Z. 552-556). Als Empfehlung gibt er anderen mit auf den Weg, Dinge *„zu Ende zu bringen ... und dass sie es zu was bringen ... Schule fertig machen, dort eventuell eine Ausbildung suchen, die Ausbildung machen oder halt erstmal Arbeit oder wie auch immer, dass man mal zwei eigene Füße fasst und mal Anschluss an das Leben kriegt. ... Nicht so, wie ich es gemacht habe, schnellstmöglich raus"* (Gero Gustavson, Z. 1099-1109).

Ben Bastug bewertet die Zeit in der Jugendhilfe durchaus positiv. Sie hat ihm geholfen, besser auf das Leben und das, was er aktuell gerade erlebt, vorbereitet zu sein, gerade wo seine Ursprungsfamilie so weit weg in Afghanistan ist: *„Die haben Betreuer, kann ich schon sagen wie meine Familie, ... Und die haben uns viel geholfen"* (Ben Bastug, Z. 391-394). Fred Falstedt sieht das ebenso. Mit der Zeit in der

Jugendhilfe ist er zufrieden: *„Keine Ahnung, bei mir hat fast alles gut geklappt, also nichts schlecht“* (Z. 479-480) *„Ja, es war eine schöne Zeit“* (Fred Falstedt, Z. 144). Sehr kritisch jedoch sieht Ben Bastug die mangelnde Vorbereitung und Transparenz hinsichtlich des Endes der Jugendhilfemaßnahme. An dieser Stelle hat er mehr Unterstützung von den Fachkräften der Jugendhilfe erwartet: *„Weil die Betreuer wussten das. Und dass ich in eine Gemeinschaftsunterkunft gehen muss. Die konnten da vorher uns helfen und sagen: ‚Ihr könnt alle drei eine gute Wohnung suchen. Vielleicht ihr drei findet was‘. Und da haben die am Ende nicht so gut geholfen“* (Ben Bastug, Z. 408-411). Das Leben in der Gemeinschaftsunterkunft und die schwierigen Situationen bezüglich des Aufenthaltsstatus inklusive der umgebenden Diskriminierung machen ihm sehr zu schaffen. Hinzu kommt das Gefühl, von den Behörden missverstanden und nicht gehört zu werden. Auch äußert Ben Bastug den Wunsch nach mehr Unterstützung bei der Ausbildung. Auf diese Bedarfe müsste sich das System aus seiner Sicht noch mehr einstellen.

„Ich habe sehr, sehr viel Vertrauen verloren“

Negativ in seiner Bewertung der erlebten Maßnahmen während und nach der Jugendhilfe ist Denis Daskalow: *„Dann habe ich irgendwann mal gemerkt, dass nicht mal das Heim oder die Jugendhilfe mir helfen kann. ... Ich habe viele schlechte Erfahrungen gemacht in der Jugendhilfe“* (Denis Daskalow, Z. 131-135). Er resümiert: *„Meiner Meinung nach wurde mir meine Kindheit genommen“* (Denis Daskalow, Z. 1000-1001). In einem Nachsatz zeigt sich jedoch auch der wohl geheime Wunsch nach Unterstützung: *„Ein Betreutes Wohnen, könnte ich jetzt in die Jugendhilfe, würde mir noch mal die Chance gegeben, in Betreutes Wohnen. Sofort. Aber passiert nicht. Keine Chance mehr. Zu alt ... es sollte die Einrichtungen, sowas sollte es geben, bloß in einer anderen Ausführung. Für Jugendliche. Also für junge Erwachsene, gerade 18, 19. Sowas wie ein Betreutes Wohnen, bloß freier“* (Denis Daskalow, Z. 793-806 und Z. 1254-1256). Neben den vielen negativen Aspekten seiner Heimerfahrung nennt Denis Daskalow ähnlich wie Alex Albrecht das Erlernen von Struktur und respektvollem Umgang als positive Auswirkungen auf sein Leben (Denis Daskalow, Z. 993-999). Irgendwann anzukommen, ist seine Sehnsucht: *„Und ich wünsche mir einmal diesen Tag, an dem ich meine Ausbildung habe, in meine Wohnung fahre und* *mich da hinlegen kann und weiß: ,Ich bleibe ... .' Das habe ich nie gehabt, dieses Gefühl: ,Das ist meins. Ich bin angekommen. Hier muss ich jetzt nicht weg. Hier muss ich mir keine Gedanken machen'"* (Denis Daskalow, Z. 1249-1253).

Ian Ihly findet klare Worte für die Dinge, die er gebraucht hätte: *„Hilfe. ... Ich habe keine Ahnung gehabt. Richtig nichts"* (Ian Ihly, Z. 630-640). Er findet erst nach vielen Jahren auf der Straße, im Gefängnis und in großer Einsamkeit eine Einrichtung für wohnungslose Menschen, in der er sich sicher, geborgen und wohl fühlt. Obwohl ihm diese eine Wohnung durch das Sozialarmt finanziert, arbeitet er weiterhin freiwillig dort und weiß, dass er Ansprechpersonen hat, wenn er in Krisen gerät. Sehr klar drückt Ian Ihly aus, dass er gerade nach seiner Rückkehr nach Deutschland eine Person gebraucht hätte, die ihn emotional sowie in alltagspraktischen Dingen unterstützt und ihm Halt und Orientierung gibt. Das Heim für wohnungslose Menschen ist für ihn ein Ort, an dem er sich sicher fühlt: *„Ich bin froh, in dieser Einrichtung zu sein, hier zu sein. Ich weiß hier, wenn ich habe ein Problem, wenn ich habe Depression, ich kann mit jemandem reden. Nichts ich bin allein und habe die Straße und ich kann nichts reden, dann mache ich wieder Scheiße"* (Ian Ihly, Z. 1127-1130). Dennoch resümiert er insgesamt für sein Leben: *„Das ist mein Problem, ich habe sehr, sehr viel Vertrauen verloren bei Leute... Das ist der Punkt, warum ich bleibe immer allein (lacht)"* (Ian Ihly, Z. 1108-1110).

Carla Cordts beschreibt das von Denis Daskalow angesprochene Gefühl der Unsicherheit und Diskontinuität als durchgängig für ihr Leben. Sie kennt das Gefühl von Sicherheit, Kontinuität und eigenem Entscheidungsspielraum quasi nicht und fühlt sich ihrem Gegenüber stets ausgeliefert: *„Ich war ein Kind, ich hatte ja keine Ahnung. Dass man nie auf meine Wünsche oder sowas eingegangen ist. Dass ich nie mit über mich selber bestimmen durfte. In den ganzen Heimen, den Unterbringungen, bei den ganzen Therapeuten, bei denen ich war, das wollte ich alles nicht. ... Das ist die größte Scheiße, die mir in meinem Leben passiert ist"* (Carla Cordts, Z. 1039-1044). Als Unterstützung wünscht sie sich eine Bindungsperson, die sie nie in ihrem Leben hatte: *„ ... einfach eine Person, ... die mich mal ein bisschen an die Hand nimmt und sagt: ,Hör mal zu, die und die Möglichkeiten hast du und du musst da und da hingehen und das und das und das machen'"* (Carla Cordts, Z. 1078-1082). Ausdrücklich geht es ihr nicht um lebenspraktische Unterstützung, sondern um eine verlässliche Bindungsperson: *„Ich will, dass mir endlich mal jemand zuhört, dass mir endlich jemand hilft. Aber keiner fühlt sich verantwortlich“* (Carla Cordts, Z. 958-960). Als persönlichen Wunsch äußert sie das Bedürfnis nach einer gewaltfreien und stabilen Zukunft. Carla Cordts kann durchaus benennen, was es dazu gebraucht hätte: *„dass man als Kind mehr auf mich zugegangen wäre und hätte mir mehr geglaubt und nicht gesagt: ‚Du bist ein Kind, du hast keine Ahnung. So, das ist egal, was du sagst‘“* (Carla Cordts, Z. 1029-1038).

Resümee

Während einige der Care Leaver:innen, vor allem Kerstin Kaumer, Jalea Jakobs und Alex Albrecht, zu einer äußerst positiven Gesamtbewertung der Jugendhilfe- und Care Leaver:innen-Zeit kommen und nur vereinzelt Kritikpunkte äußern, sprechen einige der jungen Menschen sehr ambivalent von den Hilfen insbesondere in der Care Leaver:innen-Zeit. Elena Elvas, Hanna Huber und Gero Gustavson ebenso wie Ben Bastug und Fred Falstedt haben den Eindruck, dass eine eigentlich sinnvolle Nachsorge versagt hat und bei ihnen andere Sozialsysteme wie die Eltern, eigene Anstrengungen oder Peers die Unterstützung übernommen haben. Manche sehen sich auch selbst als Teil der Verantwortung für ihre Entwicklungen, bei allen jedoch sind diese immer wieder von Risiken und Krisen aufgrund von Unterstützungsmangel durchzogen. Bei einigen der Care Leaver:innen, vor allem bei Denis Daskalow, Ian Ihly und Carla Cordts, kann das Gefühl der Verlassenheit nicht von den Hilfestrukturen beantwortet werden. Die Kinder- und Jugendhilfe konnte sie situativ unterstützen, aber keine Entwicklung einer tragfähigen Kontinuität anstoßen. Auch das Gefühl, dass über ihren Kopf hinweg entschieden wird und sie Entwertung erfahren, will nicht weichen. Den Wunsch nach Kommunikation auf Augenhöhe greift auch Jalea Jakobs trotz ihrer vielen guten Erfahrungen am Ende des Interviews erneut auf. Dazu gehört für sie auch die Partizipation der Care Leaver:innen an zukünftigen Entscheidungen im Jugendhilfesystem. Deshalb hält sie es für wichtig, die Vernetzungen unter Care Leaver:innen – vor allem auch unter den Fachkräften – bekannter zu machen, Jalea Jakobs sieht dies als eine zentrale Schlüsselaufgabe, damit alle Menschen, die die Jugendhilfe verlassen, Kenntnis darüber haben und sich entscheiden können, ob sie sich dem Netzwerk anschließen wollen oder nicht: *„Das finde ich das Interessante, ne. Werden die Care Leaver darauf aufmerksam gemacht bei Auszug, es gibt da ein Netzwerk und da kannst du dich dran wenden. Da gibt es einen Austausch"* (Jalea Jakobs, Z. 653- 679). In ihrer praktischen Tätigkeit als Fachkraft in der Jugendhilfe ist sie häufig mit Unwissen und Desinteresse ihrer Kolleg:innen bezüglich der Verbreitung der Informationen des Netzwerkes konfrontiert, weil die Arbeitsbelastung zu hoch ist. Das, so sagt sie entschlossen, müsse sich ändern.

6 Schlussfolgerungen für die Kinder- und Jugendhilfe

6.1 Die jeweilige Qualität der Kinder- und Jugendhilfe vor dem Verlassen des Jugendhilfesystems zeigt Wirkung

Hilfequalität macht einen Unterschied! Diese Erkenntnis ist nicht neu (Klein, 2021; Macsenaere & Esser, 2012). Auch in der vorliegenden Studie zeigt sie sich eindeutig in den Ergebnissen der Wirkfaktorenanalyse des quantitativen Untersuchungsstrangs auf hilfeübergreifender Ebene (s. Kap. 4.1). Darüber hinaus lässt sie sich in den Beschreibungen der Interviewpartner:innen in zahlreichen Mikroprozessen minutiös verfolgen (Gahleitner et al., 2021). Dies gilt z. T. trotz ähnlich schwieriger Ausgangssituationen: Während ein Teil der Care Leaver:innen von einer Kinder- und Jugendhilfe erzählt, die partizipativ angelegt ist, auf ihre Bedarfe und Bedürfnisse eingegangen ist und ihre jeweilige Entwicklung unterstützt hat, können andere dies nur teilweise und situativ berichten. Ein weiterer Teil der Befragten spricht von fehlenden, kontraproduktiven und gar schädigenden Einflüssen professioneller Hilfe im Aufwachsen. Vertrauen in das System ist hier nie entstanden, sodass sich von Beginn an oder schon nach kurzer Zeit tiefes Misstrauen etabliert hat (Sievers et al., 2014).

In den Fallverläufen wird anschaulich, wie sich diese Unterschiedlichkeit der Hilfequalität ins Verhältnis mit der heutigen Lebenssituation der Jugendlichen setzen lässt: Während die erste Gruppe der Interviewten von einer großen Lebenszufriedenheit berichtet und sich sozial und im Arbeitskontext gut eingebunden fühlt, zeigt sich die Lebenssituation für die zweite Gruppe ebenfalls recht stabil, wenn auch antastbar. Für die letzte Gruppe der Interviewten erweist sich die Situation bis heute als krisenhaft und keineswegs zufriedenstellend (Thomas, 2015). Diese Ergebnisse decken sich nicht nur mit den quantitativen Ergebnissen der vorliegenden Untersuchung. Denen zufolge wirken sich die Qualität der Hilfedurchführung generell und insbesondere spezifische Prozessmerkmale wie Partizipation und Beziehungsgestaltung auch langfristig nach Beendigung einer stationären Hilfe auf das Leben von Care Leaver:innen aus (vgl. Kap. 4.1). Die Ergebnisse korrespondieren auch mit übergreifenden, über den Themenbereich „Leaving Care“ hinausgehenden Ergebnissen in der Jugendhilfeforschung (Baur, Finkel, Hamberger, & Kühn, 1998; Macsenaere & Esser, 2012; Macsenaere, Köck, & Hiller, 2018; Ziegler, 2016a, 2016b). Auch in einer kürzlich abgeschlossenen Untersuchung in stationären Einrichtungen konnten bei fast drei Vierteln der Jugendlichen Verbesserungen im Bereich interventionsbedürftiger Probleme festgestellt werden, wobei bei über einem Drittel eine sehr deutliche Problemreduktion zu beobachten war (Wesenberg, Frank, de Andrade, Weber, & Gahleitner, 2019).

Dabei lässt sich nochmals eine Differenzierung zwischen mangelnder Unterstützung und schädigenden Aspekten vornehmen, wie beispielsweise das Hinnehmen oder gar Verursachen von Stigmatisierungs- und Diskriminierungserfahrungen oder eklatanten Versäumnissen in Bezug auf frühe Hilfen und Kinderschutzaspekte. *„Ich hätte mir gewünscht, dass das Jugendamt mit Neun auf mich gehört hätte, wo ich gesagt habe: ‚Ich möchte in eine Pflegefamilie'"*, berichtet z. B. Carla Cordts verbittert (Z. 1029-1038). Auch hier kann an bisherige Forschung angeknüpft werden. Wird bereits eine fachgerechte Intervention im Bereich früher Hilfen versäumt, kann dies zahlreiche Folgeerscheinungen mit sich bringen (Mögling et al., 2015; Schmid et al., 2022b): Abbrüche und Einrichtungswechsel, vor allem das zunehmende Gefühl, Vertrauen in das System und andere Menschen verloren zu haben. Somit wird konstruktive Zusammenarbeit unmöglich (Nüsken, 2006). Es muss also zunächst wieder Vertrauen geschaffen werden. Vertrauensprozesse sind allerdings besonders hier stets „mit dem Risiko verbunden, enttäuscht zu werden" (Schweer & Thies, 2008, S. 140). Fachkräfte der Sozialen Arbeit stehen daher vor dem Problem, zunächst – berechtigtes – Misstrauen abzubauen (Flick, 1989), das heißt, sie müssen in ‚Vorleistung' gehen und vorab „Vertrauen schenken" (Luhmann, 2014, S. 79-82). Sie müssen also an „Zugangspunkten" (Giddens, 1990, 2017, S. 107) wie z. B. den frühen Hilfen die eigene Vertrauenswürdigkeit unter Beweis stellen – als Bindeglied zwischen Person und Jugendhilfesystem. Bei Alex Albrecht ist dies gelungen, obwohl er eine sehr schwierige Ausgangsposition ohne stützendes Elternsystem hatte. Er wurde mit fünf Jahren in eine tragfähige Pflegefamilie vermittelt, an die er sich in kurzer Zeit anbinden konnte.

Wenn also, unabhängig von einer bestimmten Hilfeform, ein tragfähiges dialogisches und partizipativ strukturiertes Beziehungs- und Betreuungsangebot im Alltag aufgebaut und Vertrauensverhältnisse ermöglicht werden, kann sich die weitere Entwicklung – trotz verbleibender Krisenanfälligkeit – positiv gestalten (Albus, 2011; Macsenaere, 2016; Riedl, 2020; Schmid et al., 2022b). Gelingt dies nicht, wird es von Abbruch zu Abbruch schwieriger, die Jugendlichen zu erreichen. Nicht in allen Angeboten der Kinder- und Jugendhilfe kann offenbar dieses Angebot an Bindung, Beziehung und Einbettung eingebracht werden, wie einige der Interviewten berichten: *„Im Heim habe ich Vertrauen verlernt einfach"* (Denis Daskalow, Z. 230-233). Die Bedeutung dieser Eingebundenheit bezeugen auch Ergebnisse mehrerer Studien der Kinder- und Jugendhilfe, z. B. der JuLe-Studie (Baur et al., 1998) sowie der EVAS-Studie (Macsenaere & Herrmann, 2004). Qualitätsmerkmal der Hilfe ist offenbar ein eng geknüpftes Netz aus Bindungsbezügen, das von den Fachkräften durch eine angemessene Sozialisationsstruktur und durch fundiertes Fachwissen über die jeweiligen Problematiken hindurch gewebt wird und die Möglichkeit nach angemessenem Aufgehobensein auf der einen und authentischer Nachsozialisation und pädagogischer Konfrontation auf der anderen Seite bietet (Gahleitner, 2017, 2021; Schleiffer, 2001; Riedl, 2020). Als Gegenüber zur bindungs- und beziehungsorientierten Arbeit bedarf es eines Sozialisationsrahmens und einer tragfähigen Milieustruktur (Gahleitner, 2016, 2020; Schmid et al., 2022b), u. a. aus sinnvollen Regelungen und Vereinbarungen, die immer wieder neu für die Jugendlichen erfahrbar werden. Das berichtet auch Denis Daskalow, obgleich er vieles im Heim nicht positiv erinnert: *„Ordnung, Verhalten. Wie ich mit jemandem zu reden habe. Wie man jemandem Respekt entgegenbringt. Was Struktur ist. Das habe ich von denen gelernt"* (Denis Daskalow, Z. 993-999).

6.2 Professionelle Unterstützung im Care Leaver:innen-Zeitraum zählt

Die beschriebenen individuellen Erfahrungen im Kinder- und Jugendhilfesystem während des Aufwachsens können großen Einfluss auf die Möglichkeiten der Heranwachsenden im Status als Care Leaver:in nehmen. In Bezug auf strukturelle Instrumente der Kinder- und Jugendhilfe wird deutlich, wie sehr eine gelungene Nachbetreuung oder Überbrückung die Qualität der Hilfe zu zementieren vermag (Klein, 2021;

Faltermeier & Schäfer, 2016; Sievers et al., 2014). Welbourne und Leeson (2013) konstatieren, der Übergang gelinge vor allem auf Basis von Stabilität und Kontinuität des Hilfesystems. Der Rückgriff auf wichtige Wegbegleiter:innen befördert den Weg in die eigene Selbständigkeit (Stein & Wade, 2000; Mendes et al., 2011; Sievers, Thomas, & Zeller, 2018, S. 166): *„Ich habe … neben einer Wohngruppe gewohnt …, zusätzlich … eine ambulante Betreuung"*, sagt Jalea Jakobs (Z. 176-180). Beratungsgutscheine komplettieren dieses ‚Safety-Programm'. Erst belastbare Strukturen können die Jugendlichen auffangen, wenn diese in der Adoleszenz erneut in eine Krisensituation geraten (Faltermeier & Schäfer, 2016; Sievers et al., 2014). Ist diese Eingebundenheit ausreichend tragfähig, können die jungen Menschen daraus sogar gestärkt hervorgehen, wie Alex Albrechts Fall zeigt. Aus diesem Grund sind gerade in der für die Adoleszenz typischen Ambivalenz zwischen Anlehnung und Ablösung stabile und kontinuierliche, gewachsene Bindungs-, Beziehungs- und Einbettungsangebote nötig, auf die die Jugendlichen im Krisenfall wie selbstverständlich zurückgreifen können (Sievers et al., 2014; Ahmed et al., 2019). Die hier befragten jungen Menschen betonen dabei besonders die emotionale Unterstützung, *„so die Leute, die mich gehalten haben"*, wie Alex Albrecht dies ausdrückt (Z. 312-319). *„Na ja, emotionale Themen"*, bestätigt Jalea Jakobs (Z. 259-262). Auf diese Weise, so beschreiben sie, können Ablösungsprozesse gelingen.

Insbesondere in der Zeit des Jugendhilfeendes und als Care Leaver:in bedarf es also vertrauter Bindungs-, Beziehungs- und Einbettungsbezüge, um die anspruchsvolle Adoleszenz zu bewältigen (Klein, 2021; Faltermeier & Schäfer, 2016; Sievers et al., 2014). Die Bereitstellung dieses für die Jugendlichen entwicklungsfördernden Angebots muss den Jugendlichen in ihrem Lebensalltag zugänglich sein (u. a. Gahleitner, 2021; Wesenberg et al., 2019). Das Angebot realisiert sich – oder eben auch nicht – als nachsozialisierender Rahmen inmitten der Lebenswelt der Jugendlichen durch ein vorhandenes positives Netz von Beziehungs- und Dialogangeboten. Daran haben (ehemalige) Professionelle aus der Kinder- und Jugendhilfe einen großen Anteil. Auch die Ergebnisse der Expert:innenbefragung von Mögling et al. (2015) zeigen, dass benachteiligte Kinder und Jugendliche nachgehende und aufsuchende Hilfen benötigen (Wiesner, 2014). Alex Albrechts Beispiel macht darauf aufmerksam, dass eine subjektbezogene Haltung der Fachkräfte eine beginnende Abwärtsspirale durchbrechen kann: *„Das habe ich dem dann so offen wie möglich erzählt, ... dass ich mich bessern möchte und dass ich was erleben oder was erreichen möchte in meinem Leben. Und dass, wenn er mich aufnehmen würde in dem Haus, mir einen großen Wunsch erfüllt. Und ich noch mal eine Chance habe, mein Leben zu bessern ... . Und bin dann da eingezogen"* (Alex Albrecht, Z. 203-208).

Gelingt dies nicht – womöglich in Fortsetzung misslungener Kinder- und Jugendhilfeprozesse –, etabliert sich ein Gefühl tiefen Misstrauens, das sich über viele Berufsgruppen hin erstreckt. Der Ablöseprozess aus der Jugendhilfe gestaltet sich heterogen: Die Interviewpartner:innen berichten von optimalen allmählichen Übergangsprozessen bis hin zu sehr plötzlichen Abbrüchen. Bei manchen Care Leaver:innen kann dies durch familiäre oder soziale Unterstützungssysteme und eigene Ressourcen mehr oder weniger aufgefangen werden und wächst sich daher nicht zu einer tiefen Lebenskrise aus. Dennoch kommt es auch hier zu großen Enttäuschungen: *„‚Wir haben jetzt gar kein zu tun mit dir, weil du bist jetzt 21'"*, erinnert z. B. Ben Bastug (Z. 550) völlig schockiert den Moment, als seine Betreuer:innen ihm sein Jugendhilfeende eröffneten. Er sieht die mangelnde Vorbereitung und Transparenz hinsichtlich des Endes der Jugendhilfemaßnahme sehr kritisch, zumal er verstärkt Diskriminierung ausgesetzt ist und immer wieder vor neue Hürden (etwa beim Aufenthaltsstatus) gestellt wird, die alleine schwer zu überwinden sind und das Zugehörigkeits- und Teilhabeerleben negativ beeinflussen. Vor allem aber bei jenen Care Leaver:innen, die bereits in den Jugendhilfestrukturen keinen akzeptablen Halt und keine ausreichende Unterstützung gefunden haben – wie Denis Daskalow, Carla Cordts und Ian Ihly –, setzt sich die Verlorenheit nahezu in gleichem Maße fort (Faltermaier & Schäfer, 2018; Stein & Wade, 2000). Denis Daskalows Resümee fällt entsprechend hart aus: *„Ich habe mich wie ein Hund gefühlt. Wenn der Hund mal auf den Boden pinkelt, kommt er ins Tierheim. Jemand kommt ins Tierheim, holt den Hund ab. Der pinkelt dem auf den Boden, bringt der den wieder zurück. Und so läuft das ständig. Man fühlt sich nirgendwo angekommen"* (Denis Daskalow, Z. 1235-1249). Daher kann sich Denis Daskalow auch an niemanden wenden. Dies kann in tiefe Lebenskrisen und Suizidgefahr einmünden: *„Habe ich* *gedacht, ... jetzt war es das"* (Z. 776-778), sagt er resümierend zu diesem Punkt in seiner Lebensgeschichte.

6.3 Soziale Netzwerke flankieren den Prozess des Care Leaving

Einige Care Leaver:innen fühlen sich in ihrem sozialen Netzwerk sehr gut eingebettet und haben das Gefühl, am sozialen Leben teilzuhaben, in bestimmten Kreisen dazuzugehören und in Freundschaften und familiäre oder familienähnliche Zusammenhänge eingebunden zu sein (Thomas, 2015; Riedl, 2020). So z. B. Elena Elvas: Ein stabiles Netz an Personen, die ihr Halt geben, umgibt sie, denn ihre Geschwister, zwei besonders enge Freundinnen, eine Patentante, die ihr in allen Lebenslagen hilft, die ehemalige Bezugsbetreuerin und ein hilfreicher Psychotherapeut begleiten sie. Auch eine Reihe anderer Interviewter verfügt über die eine oder andere Anlaufstelle für soziale Unterstützung, nämlich die Ursprungsfamilie (Sievers et al., 2015; Wade, 2008; Kress, 2012), weitere Bekannte, Beratungsstellen oder Peers, wobei die Unterstützung aber weniger stabil ist. Ben Bastug z. B. gelingt viel für seine Situation, aber Stabilität ist ein für ihn immer wieder mühsam zu erringender Status. Er muss sich als Geflüchteter in Deutschland gesellschaftliche Teilhabe und soziale Unterstützung immer wieder hart erkämpfen. Einen ähnlichen Kampf um Unterstützung beschreiben auch Denis Daskalow, Ian Ihly und Carla Cordts. Statt beispielsweise vom Jobcenter in eine Ausbildung vermittelt zu werden, ist Carla Cordts vom Teilhabebereich Arbeit ausgeschlossen: *„Haben die mich rausgeschmissen"* (Z. 41-42), sagt sie empört. *„Bis jetzt in diesem Ort ich glaube, ich habe immer gekämpft"*, beschreibt Ian Ihly (Z. 527). Selbst wenn also vereinzelt positive Erfahrungen gemacht werden, wiegen sie die negativen für die letzte Gruppe nicht mehr so leicht auf. Dennoch fallen spezifische Bemühungen nicht unbedingt auf unfruchtbaren Boden. Aktuell z. B. unterstützt eine Sozialarbeiterin der Wohneinrichtung Denis Daskalow: *„Das ist eine der wenigen Personen, die mir jemals geholfen haben ... . Auch einer der wenigen Personen, die ich vertrauen kann"* (Z. 1226-1231). Dennoch fällt sein Resümee negativ aus: *„Ich tue mich ja auch nicht auf jemanden verlassen. Ich vertraue niemandem"* (Z. 924-926).

Soziale Netzwerke wie Selbsthilfenetzwerke für Care Leaver:innen können also einen wichtigen Ausgleich bzw. eine wichtige Ergänzung zu professionellen misslungenen Unterstützungssystemen und Ursprungsfamilien leisten (Sievers et al., 2014), sie sind jedoch von professionellen Unterstützungssystemen nicht unabhängig. Jalea Jakobs benennt das Care Leaver:innen-Netzwerk als eine besonders große soziale und emotionale Stütze in der Zeit der Ablösung von der Jugendhilfe in die Selbständigkeit: *„In dieser Care Leaver-Gruppe hatte ich dann so den Eindruck: ‚Okay, das ist wie so eine kleine Familie.' Also so, was man sonst in Wohngruppen hatte als kleine Familie, ist dann so da dann bundesweit als große Care Leaver-Familie. Ja, also da hatte ich das Gefühl: ‚Okay, ich bin angekommen'"* (Z. 618-630). Sie weiß dies auch im Nachhinein noch sehr zu schätzen: *„Ja, mittlerweile habe ich so das Gefühl, ich bin jetzt für mich in meinem eigenen Leben angekommen und habe da jetzt gar nicht mehr so den Bedarf, sondern daher kreuze ich da jetzt nicht mehr ständig auf. Aber ich weiß, dass mich das, ja, sehr unterstützt hat"* (Z. 634-637). Dennoch wird gerade bei Jalea Jakobs deutlich, wie stark die Qualität der sozialen Einbettung mit der professionellen verwoben ist. Keupp (1998) findet dafür ein anschauliches Bild: „Die empirische Netzwerkforschung bestätigt den berühmten ‚Matthäus-Effekt', genannt nach dem Jesuszitat im Matthäus-Evangelium: ‚Denn wer da hat, dem wird gegeben werden, daß er die Fülle habe; wer aber nicht hat, von dem wird auch genommen, was er hat' (Matthäus 13, 12)" (S. 287; ähnlich Wiesner, 2014; Ahmed et al., 2019). Ian Ihly beschreibt dies so: *„Richtiger Dschungel für mich. Wenn ich bin zurückgekommen in Deutschland, es war Katastrophe. Ich habe keine Ahnung. Von nichts. Und ich war allein"* (Z.618-620).

Hier hat die Jugendhilfe wie auch der Bereich der Versorgung von Care Leaver:innen die Aufgabe, einen Gegenakzent zu setzen. Denn wenn es gelingt, die Qualität tragfähiger Vertrauensbeziehungen aus der Jugendhilfe oder Vorgeschichte in weitere Netzwerke zu überführen, können zukunftsstabile Beziehungs- und Netzwerkkonstellationen für den weiteren Lebensverlauf entstehen und sich nachhaltig entwicklungsfördernd auswirken. Wieder Vertrauen zu einer Betreuungsfachkraft zu entwickeln, ist für viele beziehungsenttäuschte Kinder und Jugendliche ein wichtiger erster Schritt. In der Wirkung stationärer und nachgehender Hilfen spielt jedoch nicht nur diese primäre Netzwerkebene, etwa in Form einer Bezugsbetreuung, eine wichtige Rolle, sondern auch die sekundäre und tertiäre Netzwerkebene (Nestmann, 2010; Kupfer, 2015), beispielsweise durch den Aufbau unterstützender Peer-Kontakte (Dinisman & Zeira, 2011). Das gezielte Erlernen von Beziehungen und deren Aufrechterhalten als Aufgabe der Fachkräfte stellt z. B. Jalea Jakobs dezidiert heraus: *„Dass ich besser weiß, wie ich Beziehungen gut führen kann. Also ..., wie baue ich eine Beziehung auf. Also sowohl freundschaftlich als auch partnerschaftlich"* (Z. 500-502). Bindungsarbeit kann hier stets besser auf der Basis guter Zusammenarbeit zwischen verschiedenen Netzwerkkomponenten wirksam werden (Gahleitner, 2008, 2017, 2021; Rosemeier, Lopes, Gerstenberger, & Scheel, 2005; Schleiffer, 2008; Arnold & Macsenaere, 2015). Die Bewältigung schwieriger Lebensereignisse ist letztlich nur auf einer stabilen Alltagsbasis und einer gelungenen Gesamtbeziehungskonstellation möglich (Sievers et al., 2015; Mendes et al., 2011), die die verschiedenen Beziehungsräume in ihrer Verschiedenheit angemessen und konstruktiv für den Aufarbeitungsprozess zu nutzen versteht (Böhnisch, 2019; Gahleitner, 2017, 2021). Bestenfalls ist diese Konstellation in der Zeit der Jugendhilfe gewachsen und steht in der Zeit als Care Leaver:in bereits zur Verfügung. „Independency is a quality of interdependency", so Schröer bei der BVkE-Fachtagung 2018, und ferner: „Verselbständigung entscheidet sich entsprechend darin, wie die Qualität der sozialen Unterstützungsnetzwerke gestaltet ist" (S. 24).

6.4 Resümee und Ausblick

Auf Basis der hier vorgestellten Ergebnisse erstaunt es nicht, dass die jungen Menschen beim Rückblick auf ihre Care Leaver:in-Zeit zu so unterschiedlichen Einschätzungen kommen. Kerstin Kaumer, Jalea Jakobs und Alex Albrecht bewerten ihre Jugendhilfe- und Care Leaver:in-Zeit sehr positiv; Elena Elvas, Hanna Huber und Gero Gustavson sowie Ben Bastug und Fred Falstedt hingegen haben den Eindruck, dass eine eigentlich sinnvolle Nachsorge versagt hat und bei ihnen andere Sozialsysteme wie die Eltern, eigene Anstrengungen oder Peers die Unterstützung übernommen haben (Sievers et al., 2015; Mendes et al., 2011). Ihre Entwicklungen sind immer wieder von Risiken und Krisen aufgrund von Unterstützungsmangel durchzogen. Bei einigen Care Leaver:innen – vor allem Denis Daskalow, Ian Ihly und Carla Cordts – kann das Gefühl der Verlassenheit in keiner Weise von den Hilfestrukturen abgefedert werden. Die Kinder- und Jugendhilfe konnte sie zwar eventuell gelegentlich situativ unterstützen, aber es entwickelte sich keine tragfähige Kontinuität. So bleibt das Gefühl, dass über den eigenen Kopf hinweg entschieden wird, vorrangig – ergänzt um die Erfahrung, Entwertung zu erleiden.

In Analogie zu den Ergebnissen der quantitativen Untersuchung (Kap. 4.1) sind sich jedoch auch alle Interviewten der Studie – trotz ihrer starken Unterschiede in den Verläufen, bezüglich der Zufriedenheit mit den Hilfen und ihrer Entwicklungsvoraussetzungen – einig darin, dass die Hilfeleistung während der Jugendhilfe und in der Zeit als Care Leaver:in durch die Qualität von Bindungs- und Beziehungs- bzw. Netzwerkbezügen abhängt und bereits von früh angelegten Umgebungs- und Chancenstrukturen mit geprägt wird. Als Referenz können vertrauens- und bindungstheoretische Studien dienen, die gelungene oder weniger gelungene Interaktionen als grundlegendes Organisationsprinzip der gesamten Entwicklung betrachten (Bowlby, 2006; Erikson, 2020; Gahleitner, 2017, 2020; Drieschner, 2011). Aus diesem Grund können frühe Bindungsentbehrungen komplexe Entwicklungsstörungen auf physischer, psychischer und sozialer Ebene herbeiführen, denen in der Folge nur durch besonders sensible Vertrauens-, Bindungs-, Beziehungs- und Einbettungsarbeit wieder begegnet werden kann. Erfolg während der Jugendhilfe und danach ist also abhängig von den Kompetenzen der Fachkräfte in diesem Bereich. Erst auf Basis dieser professionalisierten Angebote kann es Jugendlichen gelingen, die herausfordernden Schritte in die Adoleszenz, Ablösung und Autonomie zu gehen und konstruktiv zu gestalten (Wesenberg et al., 2019).

In einem breiteren Rahmen dienen Netzwerktheorien und Theorien sozialer Unterstützung (Kupfer, 2015; Laireiter, 2009; Nestmann, 2010; Röhrle, 2001) dem Verständnis der großen Bedeutung von Sozialität für die Entwicklung von Bewältigungs- und Gestaltungskompetenz für das weitere Leben. Soziale Netzwerke und soziale Unterstützung stellen eine „zentrale Bedingung der Sicherung von Gesundheit, der Verbesserung von Wohlbefinden und der Förderung von Lebensführung und

Lebensbewältigung" dar und können lebenslang weiterentwickelt werden (Nestmann, 2010, S. 3). Die genannten Fälle zeigen die Möglichkeiten, über vertrauens-, bindungs- und netzwerktheoretisch gesättigte Hilfen erfolgreich zu sein. Das bindungstheoretische Schlagwort: „Entwicklungsmöglichkeiten entlang gelungener und weniger gelungener Interaktionen" lässt zunächst hoffen. Für einen Teil der Jugendlichen erfüllen sich viele dieser Hoffnungen. Allerdings gilt diese Formel leider ebenso für das Gegenteil. So haben junge Erwachsene wie Carla Cordts, Denis Daskalow oder Ian Ihly diese Chance nie erhalten und daher auch wenig Möglichkeiten wahrnehmen können, ihre schwierige Kindheit zu bewältigen und zu einer befriedigenden Lebensqualität zu gelangen. Die DJI-Studie „Entkoppelt vom System" nimmt Überlegungen zur sogenannten „entkoppelten Jugend" auf (Mögling et al., 2015). Eine adäquate, anknüpfungsfähige Unterstützung besteht demnach zunächst in einer Kontakt- und Überlebenshilfe, die jedoch durch diesen Türöffner in eine „weiterführende Ausstiegshilfe" mündet (S. 45). Dies wird bei Ian Ihly deutlich: Trotz langjähriger Wohnungslosigkeit und schwerwiegenden gesundheitlichen Einschränkungen schafft er schließlich den Weg in eine eigene Wohnung, nachdem er in einer Einrichtung aufgefangen werden konnte: *„Und hier endlich ..., sie hat mich genommen, wie ich bin ..., hat mich richtig hochgebracht. ... Ich habe nicht diese Einrichtung gefunden, ich weiß, ich habe wieder Berg runtergegangen"* (Z. 460-469).

Das Ergebnis der vorliegenden Studie beweist, dass nicht nur das Angebot der Kinder- und Jugendhilfe, sondern auch die Zeit als Care Leaver:in von konstruktivem Interaktionsgeschehen durchdrungen sein muss, indem auf struktureller wie psychosozialer Ebene zugleich Vertrauen sowie belastbare Beziehungsmöglichkeiten bis in den Netzwerk- und Institutionsbereich hinein realisiert werden. Ist dies nicht der Fall, steigt das Risiko, die Erfolge der geleisteten Hilfemaßnahmen wieder einzubüßen, so Elena Elvas: *„Weil man einfach dann dasteht und nicht weiß: Wo soll ich hin? Was soll ich machen? Wer kann mir helfen? Und ich glaube, dass da echt schon viele Existenzen einfach dran kaputtgegangen sind. Weil nicht jeder hat so ... wie ich das Glück, solche Freunde zu haben oder meine Patentante, die einen dann unterstützen"* (Z. 576-580). Da es aber bei Leaving Care um Ablösungsprozesse geht, ist letztlich ein behutsam und fachlich qualifiziert ausgewogenes Verhältnis zwischen Beziehung und Struktur, Freiraum und Grenzen, Autonomie und Eingebundenheit geboten. Eine große Rolle spielen dabei eine angemessene Partizipation der Care Leaver:innen, die Befriedigung derer Bedürfnisse nach Geborgenheit in Bindungsverhältnissen und emotionale Fürsorge (Schäuble & Wagner, 2017). Können die jungen Menschen jedoch nicht an ehemalige Beziehungen und Einbettungen anknüpfen, oder werden diese zum Hilfeende unwiderruflich und abrupt beendet, entstehen teilweise gravierende Risiken und Krisen für den weiteren Entwicklungsverlauf (Sievers et al., 2014; Macsenaere & Esser, 2015; Klein, 2021). Funktioniert dagegen dieser Prozess des Einbezugs und der Einbettung, eröffnet sich den Aufwachsenden Raum für Entwicklung, z. B. für die Wahl und das Durchhalten einer Ausbildung oder eines Studiums. Die Angebote der Versorgungslandschaft für junge Menschen müssen sich – insbesondere in Fällen wie bei Denis Daskalow, Carla Cordts oder auch Ian Ihly – sinnvoll zusammenstellen lassen. Zu berücksichtigen sind dazu die jeweils geltenden Gesetzbücher, die sich je nach Bedarfsausrichtung in ihrer Finanzierung, Kontaktstruktur (Häufigkeit, Komm- oder Geh-Struktur) und ihrem spezifischen Aufgabenfeld (Gesundheit, soziale Teilhabe, Gender, Arbeit und Ausbildung) erheblich unterscheiden. In Bezug auf die komplexen Bedarfslagen liegt daher eine ganzheitliche beziehungsorientierte Verlaufsverantwortung auf der Hand (Mögling et al., 2015; Schröer, 2018). Dass „Reifungsprozesse in einem sozialen Kontext eingebettet" sind (Böhnisch, Lenz & Schröer, 2009, S. 13), wird selten so anschaulich wie in der vorliegenden Studie.

Abbildungsverzeichnis

Literaturverzeichnis

Ahmed, S., Rein, A., & Schaffner, D. (2019). "Care Leaver erforschen Leaving Care" – Möglichkeiten und Grenzen partizipativer Forschung. *Jugendhilfe, 57*(4), 435-440.

Albus, S. (2011). Wirksame Hilfen zur Erziehung durch Beteiligung?! *Dialog Erziehungshilfe, 7*(4), 43-47.

Arnold, J., & Macsenaere, M. (2015). Auswirkungen von Elternarbeit in (teil-)stationären Hilfen zur Erziehung auf Hilfeverläufe der Kinder und Jugendlichen. *Unsere Jugend, 67*(9), 364-374.

Arnold, J., Macsenaere, M., & Hiller, S. (2018). *Wirksamkeit der Erziehungsberatung – Ergebnisse der bundesweiten Studie Wir.EB.* Freiburg: Lambertus.

Bar-On, D. (1996). Ethical issues in biographical interviews and analysis. In R. Josselson (Hrsg.), *Ethics and process in the narrative study of lives* (S. 9-21). Thousand Oaks: Sage.

Baur, D., Finkel, M., Hamberger, M., & Kühn, A. D. (1998). *Leistungen und Grenzen von Heimerziehung. Ergebnisse einer Evaluationsstudie stationärer und teilstationärer Erziehungshilfen* (Reihe: Schriftenreihe des Bundesministeriums für Familie, Senioren, Frauen und Jugend, Bd. 170). Stuttgart: Kohlhammer.

Bock, K., & Miethe, I. (Hrsg.). (2010). *Handbuch qualitative Methoden in der Sozialen Arbeit.* Opladen: Budrich.

Böhnisch, L. (2019). *Lebensbewältigung. Ein Konzept für die Soziale Arbeit* (Reihe: Zukünfte, 2., überarb. u. erw. Aufl.). Weinheim: Beltz Juventa.

Böhnisch, L., Lenz, K., & Schröer, W. (2009). *Sozialisation und Bewältigung. Eine Einführung in die Sozialisationstheorie der zweiten Moderne* (Reihe: Juventa Paperback). Weinheim: Juventa.

Bortz, J. (1999). *Statistik für Sozialwissenschaftler* (5. Aufl.). Berlin: Springer.

Bowlby, J. (2006). *Bindung und Verlust.* München: Reinhardt.

Bundesministerium für Familie, Senioren, Frauen und Jugend (BMFSFJ) (Hrsg.). (2013). *14. Kinder- und Jugendbericht, Bericht über die Lebenssituation junger Menschen und die Leistungen der Kinder- und Jugendhilfe in Deutschland.* Stellungnahme der Bundesregierung zum Bericht der Sachverständigenkommission, Bericht der Sachverständigenkommission, Bundestagsdrucksache 17/12200. Berlin: BMFSFJ.

Bundesministerium für Familie, Senioren, Frauen und Jugend (BMFSFJ) (Hrsg.). (2014). *Kinder- und Jugendhilfe. Achtes Buch Sozialgesetzbuch*. Verfügbar unter https://www.bmfsfj.de/blob/94106/ae9940d8c20b019959a5d9fb511de02b/kinder--und-jugendhilfegesetz---sgb- viii-data.pdf

Bundesministerium für Familie, Senioren, Frauen und Jugend (BMFSFJ) (Hrsg.). (2020a). *Abschlussbericht Mitreden – Mitgestalten. Die Zukunft der Kinder- und Jugendhilfe*. Berlin: BMFSFJ.

Bundesministerium für Familie, Senioren, Frauen und Jugend (BMFSFJ) (Hrsg.). (2020b). *Entwurf eines Gesetzes zur Stärkung von Kindern und Jugendlichen (Kinder- und Jugendstärkungsgesetz – KJSG). Referentenentwurf des Bundesministeriums für Familie, Senioren, Frauen und Jugend*. Verfügbar unter http://infothek.paritaet.org/pid/fachinfos.nsf/0/ed05426a4608a72ac12585f90064d70a/$FILE/Referentenentwurf%20eines%20Gesetzes%20zur%20St%C3%A4rkung%20von%20Kindern%20und%20Jugendlichen_51020.pdf

Cashmore, J., & Paxman, M. (2006). Predicting after-care outcomes: the importance of 'felt' security. *Child and Family Social Work, 11*(3), 232-241.

Deutsches Institut für Jugendhilfe und Familienrecht e. V. (DIJuF) (Hrsg.). (2020). *Entwurf eines Gesetzes zur Stärkung von Kindern und Jugendlichen. Überblick über die wesentlichen Änderungen*. Verfügbar unter https://www.stuttgart.de/medien/ibs/dijuf-ueberblick-aenderungen-kjsg-20-oktober-2020.pdf

Dinisman, T., & Zeira, A. (2011). The Contribution of Individual, Social Support and Institutional Characteristics to Perceived Readiness to Leave Care in Israel: An Ecological Perspective. *British Journal of Social Work, 41*(8), 1442-1458.

Drieschner, E. (2011). *Bindung und kognitive Entwicklung – ein Zusammenspiel. Ergebnisse der Bindungsforschung für eine frühpädagogische Beziehungsdidaktik* (Reihe: WIFF Expertisen, Bd. 13). München: WIFF. Verfügbar unter https://www.weiterbildungsinitiative.de/fileadmin/Redaktion/Publikationen/WiFF_Expertise_13_Drieschner_Internet.pdf

Ehlke, C. (2021). Leaving Care aus Pflegefamilien. Die Bedeutung von Hilfestrukturen und sozialer Unterstützung aus Sicht junger Erwachsener. *Diskurs Kindheits- und Jugendforschung, 16*(2), 176-188.

Erikson, E. H. (2020). *Identität und Lebenszyklus. Drei Aufsätze* (28., unveränd. Aufl.). Frankfurt: Suhrkamp.

Faltermeier, J., & Schäfer, A. (2016). *Wissenschaftliche Begleitforschung des Projekts „Brucke" – Zentrale Befunde und Empfehlungen für die Etablierung eines Projekts für die Unterstützung von Care Leaver im Rheingau nach dem Ende der Jugendhilfe.* Hochschule RheinMain: Eigenverlag.

Feist-Ortmanns, M., & Macsenaere, M. (2020). *Ergebnisbericht der wissenschaftlichen Begleitung der SGB VIII Reform.* Verfügbar unter https://ikj-mainz.de/wp-content/uploads/sites/3/2020/10/IKJ-Ergebnisbericht-Wiss.-Begleitung_gesamt.pdf

Flick, U. (1989). *Vertrauen, Verwalten, Einweisen. Subjektive Vertrauenstheorien in sozialpsychiatrischer Beratung* (Reihe: DUV – Psychologie). Wiesbaden: Deutscher Universitäts-Verlag.

Frietsch, R., & Holbach, D. (2016). Gravierend-komplexe Problemlagen bei jungen Wohnungslosen – aktuelle Forschungsergebnisse, strukturelle und fachliche Konsequenzen. In S. Gillich, & R. Keicher (Hrsg.), *Suppe, Beratung, Politik* (S. 97). Wiesbaden: Springer VS.

Frietsch, R., & Holbach, D. (2021). Care Leaver als junge Wohnungslose. Neue Fachlichkeit durch Genderdifferenzierung, Salutogenese, Ressourcenorientierung, Case Management. *Unsere Jugend, 73*(6), 270-277.

Gahleitner, S. B. (2002). Research on interpersonal violence – a constant balancing act. In M. Kiegelmann (Hrsg.), *The role of the researcher in qualitative psychology* (Reihe: Qualitative Psychology Nexus, Bd. 2; S. 159-168). Schwangau: Ingeborg Huber.

Gahleitner, S. B. (2008). Bindungstheorie und personzentrierte Beziehungsgestaltung: Überlegungen zu einem ‚allgemeinen Wirkfaktor'. *Person, 12*(1), 46-57.

Gahleitner, S. B. (2016). Milieutherapeutische und -pädagogische Konzepte. In W. Weiß, T. Kessler, & S. B. Gahleitner (Hrsg.), *Handbuch Traumapädagogik* (S. 56-66). Weinheim: Beltz.

Gahleitner, S. B. (2017). *Soziale Arbeit als Beziehungsprofession. Bindung, Beziehung und Einbettung professionell ermöglichen.* Weinheim: Beltz Juventa.

Gahleitner, S. B. (2020). *Professionelle Beziehungsgestaltung in der psychosozialen Arbeit und Beratung* (Reihe: Beratung, Bd. 17; 2., überarb. u. erw. Aufl.). Tübingen: DGVT.

Gahleitner, S. B. (2021). *Das pädagogisch-therapeutische Milieu in der Arbeit mit Kindern und Jugendlichen. Trauma- und Beziehungsarbeit in stationären Einrichtungen* (3., aktual. Aufl.). Köln: Psychiatrie Verlag.

Gahleitner, S. B., de Andrade, M., Frank, C., & Große, L. (2021). „Ich glaube, das ist irgendwie vor allem Überleben sozusagen" – eine qualitative Studie zu Careleavern auf dem Weg in die Selbständigkeit. In J. Klein, M. Macsenaere, & S. Hiller (Hrsg.), *Care Leaver. Stationäre Jugendhilfe und ihre Nachhaltigkeit* (Reihe: Beiträge zur Erziehungshilfe, Bd. 48; S. 171-196). Freiburg: Lambertus.

Giddens, A. (1990). *The consequences of modernity.* Cambridge, MA: Polity Press.

Giddens, A. (2017). *Konsequenzen der Moderne* (8., unveränd. Aufl.). Frankfurt: Suhrkamp.

Glaser, B. G., & Strauss, A. L. (1998). *Grounded Theory. Strategien qualitativer Forschung* (Reihe: Hans Huber Programmbereich Pflege). Bern: Huber.

Internationale Gesellschaft für erzieherische Hilfen (IGFH) (2017). *Projekt "Gut begleitet ins Erwachsenleben".* Verfügbar unter https://forschungsnetzwerk-erziehungshilfen.de/wp-content/uploads/2018/11/Projektpr%C3%A4sentation-Gut-begleitet-ins-Erwachsenenleben-16-02-2017.pdf

Johnson, G., & Mendes, P. (2014). Taking control and ‚moving on': How young people turn around problematic transitions from out-of-home care. *Social Work & Society, 12*(1), 1-15.

Karpenstein, J., Thomas, S., & Schmidt, F. (2016). Stolperstein Volljährigkeit. *neue caritas, 117*(12), 9-13.

Keupp, H. (1998). Chancen des Umbruchs – das soziale Kapital Deutschlands. In B. Röhrle, & F. Nestmann (Hrsg.), *Netzwerkintervention* (Reihe: Fortschritte der Gemeindepsychologie und Gesundheitsförderung, Bd. 2; S. 279-296). Tübingen: DGVT.

Klein, J. (2021). Care Leaver – stationäre Jugendhilfe und ihre Nachhaltigkeit. Quantitative Ergebnisse des Forschungsprojekts. In J. Klein, M. Macsenaere, & S. Hiller (Hrsg.), *Care Leaver – stationäre Jugendhilfe und ihre Nachhaltigkeit* (S. 56-170). Freiburg: Lambertus.

Klein, J., Arnold, J., & Macsenaere, M. (2011). *InHAus - Individualpädagogische Hilfen im Ausland: Evaluation, Effektivität, Effizienz.* Freiburg: Lambertus-Verlag.

Klein, J., & Macsenaere, M. (2020). *Stimmt es eigentlich, dass nachsorgende (Beziehungs-) Angebote für Careleaver:innen die Nachhaltigkeit stationärer Erziehungshilfen stärken?*

Verfügbar unter https://www.bvke.de/cms/contents/bvke.de/medien/dokumente/nachgehakt/nachgehakt-03-2020/nachgehakt_november_2020.pdf

Klein, J., Macsenaere, M., & Hiller, S. (Hrsg.). (2021). *Care Leaver – stationäre Jugendhilfe und ihre Nachhaltigkeit.* Freiburg: Lambertus.

Klein, J. & Macsenaere, M. (2020). Leaving Care - ein steiniger Weg in die Selbstständigkeit. In: Neue Caritas 121 (6), 12-15.

Klessinger, N. (2000). Darstellung der Zusammenhangsstruktur zwischen Erfolgskriterien und Prozessmerkmalen mit Hilfe eines Kettengraphen. In Überregionales Beratungs- und Behandlungszentrum Sankt Joseph Würzburg, & H. Patzelt (Hrsg.), *Würzburger Jugendhilfe-Evaluationsstudie (WJE).* Verfügbar unter http://www.forschung-stationaere-jugendhilfe.de/downloads/wje_abschlussbericht.pdf

Kress, L. (2012). *Übergänge in die Zeit nach dem Heim - Ergebnis aus einem Projekt mit ehemaligen Jugendlichen aus den Erziehungshilfen.* Köln: Druckhaus Süd.

Kuckartz, U. (2014). *Mixed Methods. Methodologie, Forschungsdesigns und Analyseverfahren.* Berlin: Springer.

Kupfer, A. (2015). *Wer hilft helfen? Einflüsse sozialer Netzwerke auf Beratung* (Reihe: Beratung, Bd. 16). Tübingen: DGVT.

Laireiter, A.-R. (2009). Soziales Netzwerk und Soziale Unterstützung. In K. Lenz, & F. Nestmann (Hrsg.), *Handbuch Persönliche Beziehungen* (S. 75-99). Weinheim: Juventa.

Lütz, K. (2019). Care Leaving - Übergänge für junge Menschen aus Pflegefamilien gestalten. *Jugendhilfe, 57*(6), 624-629.

Luhmann, N. (2014). *Vertrauen. Ein Mechanismus der Reduktion sozialer Komplexität* (Reihe: Flexibles Taschenbuch; 5., durchges. Aufl.). Stuttgart: UTB.

Macsenaere, M. (2016). Partizipation. In W. Weiß, T. Kessler, & S. B. Gahleitner (Hrsg.), *Handbuch Traumapädagogik* (S. 106-114). Weinheim: Beltz.

Macsenaere, M., & Esser, K. (2012). *Was wirkt in der Erziehungshilfe? Wirkfaktoren in Heimerziehung und anderen Hilfearten.* München: Reinhardt.

Macsenaere, M., & Esser, K. (2015). *Was wirkt in der Erziehungshilfe? Wirkfaktoren in Heimerziehung und anderen Hilfearten* (2. überarb. Auflage). München: Reinhardt.

Macsenaere, M., & Herrmann, T. (2004). Klientel, Ausgangslage und Wirkungen in den Hilfen zur Erziehung. *Unsere Jugend, 56*(1), 32-42. Verfügbar unter http://www.forschung-stationaere-jugendhilfe.de/downloads/macsenaere_herrmann_2004.pdf

Macsenaere, M., Köck, T., & Hiller, S. (Hrsg.). (2018). *Unbegleitete minderjährige Flüchtlinge in der Jugendhilfe. Erkenntnisse aus der Evaluation von Hilfeprozessen* (Reihe: Beiträge zur Erziehungshilfe, Bd. 46). Freiburg: Lambertus.

Macsenaere, M., & Knab, E. (2004). *Evaluationsstudie erzieherischer Hilfen (EVAS) – Eine Einführung.* Freiburg: Lambertus.

Marsh, P., & Peel, M. (1999). *Leaving Care in Partnership: Family Involvement with Care Leavers.* London: The Stationary Office.

Mayring, P. (2000). Qualitative Inhaltsanalyse. *Forum Qualitative Sozialforschung, 1*(2), Art. 20. Verfügbar unter urn:nbn:de:0114-fqs0002204

Mayring, P., & Gahleitner, S. B. (2010). Qualitative Inhaltsanalyse. In K. Bock, & I. Miethe (Hrsg.), *Handbuch qualitative Methoden in der Sozialen Arbeit* (S. 295-304). Opladen: Budrich.

Mendes, P., Johnson, G., & Moslehuddin, B. (2011). Effectively preparing young people to transition from out-of-home care. An examination of three recent Australian studies. *Family Matters, 25*(3), 61-70. Verfügbar unter https://aifs.gov.au/sites/default/files/fm89g.pdf

Mögling, T., Tillmann, F., & Reißig, B. (2015). *Entkoppelt vom System. Jugendliche am Übergang ins junge Erwachsenenalter und Herausforderungen für Jugendhilfestrukturen. Eine Studie des Deutschen Jugendinstituts im Auftrag der Vodafone Stiftung Deutschland.* Düsseldorf: Vodafone Stiftung Deutschland.

Mühlmann, T., & Fendrich, S. (2017). Ab 18 nicht mehr zuständig? Volljährigkeit als folgenreiche Schwelle bei den erzieherischen Hilfen. *KomDat Jugendhilfe, 20*(2+3), 22-27.

Nestmann, F. (2010). Soziale Unterstützung – Social Support. *Enzyklopädie Erziehungswissenschaft Online, 2*(8), 1-39.

Nüsken, D. (2006). *18plus Intentionen und Wirkungen des § 41 SGB VIII. Hilfen für junge Volljährige – Ergebnis- und Perspektivbericht.* Münster.

Nüsken, D. (2008). *Regionale Disparitäten in der Kinder- und Jugendhilfe. Eine empirische Untersuchung zu den Hilfen für junge Volljährige.* Münster: Waxmann.

Nüsken, D. (2015). Wie breit ist das Feld? Stand der Wirkungsforschung und ein kleiner Überblick, was alles Evaluation und Wirkungsforschung ist... In Deutsches Institut für Urbanistik (Hrsg.), *Wissen, was wirkt! Wirkungsforschung und Evaluation in den Hilfen zur Erziehung - Praxiserfahrungen und Impulse* (S. 11-28). Berlin: Deutsches Institut für Urbanistik.

Nussbaum, M., & Sen, A. (1993). *The Quality of Life.* Oxford: Clarendon Press.

Pauls, H. (2006). Standards, evidenzbasierte Praxis, Praxisforschung: Was können wir tun? *Klinische Sozialarbeit, 2*(Sonderausgabe), 38-39. Verfügbar unter https://zks-verlag.de/wp-content/uploads/files_s620_e2327_o25428_0_size_o_klinsa_special_2006.pdf

Riedl, K. (2020). „Ich bin halt eine Kämpferin". Fremdunterbringung als biografische Herausforderung. *Unsere Jugend, 72*(9), 383-392.

Röhrle, B. (2001). Soziale Netzwerke. In D. H. Rost (Hrsg.), *Handwörterbuch Pädagogische Psychologie* (2., überarb. u. erw. Aufl.; S. 657-668). Weinheim: PVU.

Rosemeier, C.-P., Lopes, A., Gerstenberger, J. & Scheel, V. (2005). Beziehungsarbeit im pädagogischen Alltag – Mögliches und Unmögliches. In Arbeitskreis Therapeutischer Jugendwohngruppen Berlin (Hrsg.), *Das Therapeutische Milieu als Angebot der Jugendhilfe. Konzepte und Arbeitsweisen Therapeutischer Jugendwohngruppen in Berlin* (S. 140-146). Berlin: AJB. Verfügbar unter http://www.therapeutische-jugendwohngruppen.de/publikationen/Tagungsreader_AK_TWG_2005.pdf

Schäuble, B., & Wagner, L. (Hrsg.). (2017). *Partizipative Hilfeplanung.* Weinheim: Beltz Juventa.

Schildt, N. (2018). *Stationäre Jugendhilfe und ihre Nachhaltigkeit aus Sicht der Care Leaver.* Masterarbeit. Düsseldorf: Hochschule Niederrhein, Fachbereich Sozialwesen.

Schildt, Nadine (2021). „Care Leaver – Dein Netzwerk" – ein Angebot der Bergischen Diakonie Aprath. In J. Klein, M. Macsenaere, & S. Hiller (Hrsg.), *Care Leaver – stationäre Jugendhilfe und ihre Nachhaltigkeit* (S. 38-55). Freiburg: Lambertus.

Schleiffer, R. (2001). *Der heimliche Wunsch nach Nähe. Bindungstheorie und Heimerziehung*. Weinheim: Beltz.

Schleiffer, R. (2008). Konsequenzen desorganisierter Bindungsmuster für Pädagogik und Therapie. In Arbeitskreis der Therapeutischen Jugendwohngruppen Berlin (Hrsg.), *Das therapeutische Milieu als Angebot der Jugendhilfe. Band 2: Beziehungsangebote – Diagnostik – Interventionen* (S. 116-135). Berlin: Verlag allgemeine jugendberatung. Verfügbar unter http://www.therapeutische-jugendwohngruppen.de/publikationen/Tagungsreader_AK_TWG_2008.pdf

Schmid, M., Fegert, J. M., Schmeck, K., & Boonmann, C. (2022a): Was wird aus Care Leavern? Ergebnisse einer Längsschnittstudie in einer Hochrisikostichprobe von ehemals außerfamiliär platzierten Jugendlichen. *Kindheit und Entwicklung, 31*(1), 1-8.

Schmid, M., Fegert, J. M., Clemens, V., Seker, S., d'Huart, D., Binder, M., Schröder, M., Friden, L., Boonmann, C., Jenkel, N., Schmeck, K., & Bürgin, D. (2022b). Misshandlungs- und Vernachlässigungserfahrungen in der Kindheit: Ein Risikofaktor für die soziale Teilhabe ehemals außerfamiliär platzierter junger Erwachsener Ergebnisse der schweizweiten Kohortenstudie „Jugendhilfeverläufe: Aus Erfahrung Lernen (JAEL)". *Kindheit und Entwicklung, 31*(1), 22-39.

Schröer, W. (2018). *„Wir haben uns in die Biografien eingemischt." Öffentliche Verantwortung der Hilfen zur Erziehung.* Vortrag bei der BVkE-Fachtagung „18 sticht! Faire Teilhabechancen für alle jungen Menschen", 29.11.2018 in Berlin. Verfügbar unter http://careleaver-bw.de/wp-content/uploads/2018/10/Hearing-Stuttgart-25-09-2018-Praesentation-Schroeer.pdf

Schweer, M. K. W., & Thies, B. (2008). Vertrauen. In A. E. Auhagen (Hrsg.), *Positive Psychologie. Anleitung zum „besseren" Leben* (2., überarb. u. erw. Aufl.; S. 136-149). Weinheim: Psychologie Verlags Union.

Seker, S., Bürgin, D., d'Huart, D., Schmid, M., Schmeck, K., Jenkel, N., Fegert, J. M., Steppan, M., & Boonmann, C. (2022). Der Verlauf von psychischen Problemen bei fremdplatzierten Kindern und Jugendlichen bis in deren Erwachsenenalter. Eine prospektive Langzeitstudie. *Kindheit und Entwicklung, 31*(1), 9-21.

Sievers, B., Thomas, S., & Zeller, M. (2014). *Nach der stationären Erziehungshilfe – Care Leaver in Deutschland. Internationales Monitoring und Entwicklung von Modellen guter Praxis zur sozialen Unterstützung für Care Leaver beim Übergang ins Erwachsenenalter.* Frankfurt am Main/Hildesheim: IGFH/Uni Hildesheim.

Sievers, B., & Thomas, S. (2016). *It's All Rights 4u after Care – Care Leaver: verstehen, unterstützen, eine Stimme geben! Abschlussbericht für die Stiftung Deutsche Jugendmarke e. V.* Verfügbar unter https://www.uni-hildesheim.de/media/fb1/sozialpaedagogik/Forschung/care_leaver/Abschlussbericht_Care_Leaver_haben_Rechte__Stiftung_Jugendmarke__07_2016.pdf

Sievers, B., Thomas, S., & Zeller, M. (2018). *Jugendhilfe – und dann? Zur Gestaltung der Übergänge junger Erwachsener aus stationären Erziehungshilfen* (3., unveränd. Aufl.). Frankfurt: IGfH.

Springer Gabler (Hrsg.). (2017). *Gabler Wirtschaftslexikon. Stichwort: Jugendhilfe.* Verfügbar unter https://wirtschaftslexikon.gabler.de/definition/jugendhilfe-39857

Statistisches Bundesamt (Destatis) (2017). *Statistiken der Kinder- und Jugendhilfe – Erzieherische Hilfe, Eingliederungshilfe für seelisch behinderte junge Menschen, Hilfe für junge Volljährige 2016.* Verfügbar unter https://www.statistischebibliothek.de/mir/servlets/MCR-FileNodeServlet/DEHeft_derivate_00043099/5225112167004.pdf

Stein, M. (2006). Young people leaving care. *Child and Family Social Work, 11*(3), 273-279.

Stein, M., & Wade, J. (2000). *Helping care leavers: Problems and strategic responses.* London: Department of Health. Verfügbar unter https://www.york.ac.uk/inst/spru/pubs/pdf/helpingCL.pdf

Thomas, S. (2015). Care Leaver auf dem Weg in ein eigenständiges Leben. Übergänge aus stationären Erziehungshilfen kreativ denken und begleiten. *Jugendhilfe aktuell, 2*, 20-23.

Wade, J. (2008). The Ties that Bind: Support from Birth Families and Substitute Families for Young People Leaving Care. *British Journal of Social Work, 38*(1), 39-54.

Wade, J., & Dixon, J. (2006). Making a Home, Finding a Job: Investigating Early Housing and Employment Outcomes for Young People Leaving Care. *Child and Family Social Work, 11*, 199-208.

Welbourne, P., & Leeson, C. (2013). The education of children in care: a research review. In S. Jackson (Hrsg.), *Pathways through education for young people in care* (S. 27-42). London: BAAF.

Wesenberg, S., Frank, C., de Andrade, M., Weber, M., & Gahleitner, S. B. (2019). *BEGEVAL. Begleitevaluation der Therapeutischen Jugendwohngruppen in Berlin.* Abschlussbericht. November 2018 (Reihe: Schriften zur psychosozialen Gesundheit). Goßmannsdorf: ZKS.

Wiesner, R. (Hrsg.). (2011). *SGB VIII Kinder- und Jugendhilfe* (4. Aufl.). Frankfurt am Main: IGfH- Eigenverlag.

Wiesner, R. (2014). *Hilfen für junge Volljährige. Rechtliche Ausgangssituation.* Frankfurt am Main: IGfH-Eigenverlag.

Wiesner, R. (2015). *SGB VIII. Kommentar* (5. Aufl.). München: C. H. Beck.

Witzel, A. (1982). *Verfahren der qualitativen Sozialforschung. Überblick und Alternativen* (Reihe: Campus Forschung, Bd. 322). Frankfurt: Campus.

Witzel, A. (2000). Das problemzentrierte Interview. *Forum Qualitative Sozialforschung, 1*(1), Art. 22. Verfügbar unter urn:nbn:de:0114-fqs0001228

Ziegler, H. (2016a). „Evidenzbasierte Praxis". Chancen und Risiken der Wirkungsforschung. *Unsere Jugend, 68*(5), 224-231.

Ziegler, H. (2016b). Wirkfaktoren und Wirkungen der Heimerziehung. *Blickpunkt Jugendhilfe, 21*(1), 3-10.